LA CARA HUMANA

DE LA NEGOCIACIÓN

Una herramienta para desarmar el enojo y otras estrategias de persuasión

JULIO DECARO

Doctor en medicina, Universidad de la República, Uruguay.
Director ejecutivo de CMI International Group, Cambridge, USA.

17/12/13

Adri: Me pareció hoy un
pufecto momento para regalarte
este libro, que estoy segura
te ayudara en las negociaciones
de tu trabajo y en las
negociaciones de la vida.
God bless U y que en el
2014 compartamos mucho mas!!
Jenni

Contenido

Capítulo 9

Capítulo 10

Capítulo 11

Agradecimientos

Agradezco a todas y cada una de las personas con las que me tropecé en esta vida, comenzando por mis padres, porque lo que soy, lo que digo y lo que hago, incluido este libro, son producto de las experiencias que he tenido en mi interrelación con ellos.

Sin embargo, respecto a este libro en particular, hay algunos a los que les estoy singularmente agradecido.

A Lilian, por tenerme toda la paciencia del mundo y darme como siempre su sabio consejo, coraje y aliento.

Al Profesor Dr. Roberto Kertész por sus inolvidables enseñanzas, su inteligente e ingeniosa visión de las cosas, su excepcional talento innovador y habilidad integradora y sobre todo, por la generosidad en el apoyo que siempre nos ha brindado a Lilian y a mí.

Al Profesor Dr. Roger Fisher por su inspirador trabajo, ya que lo que aprendí de él y del modelo que él creó, es el cimiento de este libro.

Al Dr. Danny Ertel por su amistad, por apoyarme al realizar los primeros desarrollos y escribir mis primeros artículos sobre el tema, por confiar en mí y darme la oportunidad de vincularme a este apasionante mundo en el que hoy trabajo.

A mis socios, Mark Smith y Francisco Sánchez, por la hermandad que nos une, por su apoyo incondicional, por aportarme el modelo de su vida, ejemplo de lo que predicamos.

A Horacio Falcao, por la fuerza y la pasión que pone en todas las cosas, la misma con la que empujó la salida de este libro.

A Ana Fierro, mi secretaria, por los enriquecedores y clarificadores arreglos y excelentes diagramas, y también a María Eugenia Ferolla, por su paciencia y su invalorable soporte, más allá de este libro, a mi tarea diaria.

Dedicatoria

Hace un tiempo estaba en Montevideo y recibí de un amigo, por correo electrónico, una historia que un mes antes mi socio Francisco Sánchez había contado en Cambridge. Cuando la volví a escuchar, esta vez de boca de un sacerdote en un sermón en Washington, pensé que esta historia debería ser difundida por mí, aunque no conociera a su autor.

"Un profesor muestra a sus alumnos un gran recipiente de vidrio, parecido a una pecera, y les pregunta: —¿Está lleno o vacío?

Todos contestan que está vacío.

— Muy bien, responde el profesor y saca de una bolsa varias piedras grandes, que coloca dentro de la pecera hasta llenarla.

Entonces pregunta a los alumnos: —¿Cómo está el recipiente ahora?

Todos contestan al unísono que está lleno.

De otra bolsa extrae piedras muy pequeñas y comienza a deslizarlas por entre las rocas hasta que no cabe ninguna más.

Entonces pregunta a sus alumnos: —¿Cómo está el recipiente ahora, lleno o vacío?

La mayoría duda, algunos contestan que está lleno y otros que todavía está en parte vacío.

De otra bolsa, el profesor extrae arena y la hace deslizar por los pequeños espacios que quedan entre las piedras pequeñas hasta que no puede entrar un grano más. Entonces vuelve a preguntar: —¿Cómo está el recipiente ahora?

Todos sonríen. Algunos no se animan a contestar y la mayoría afirma que todavía no está lleno.

Toma entonces una jarra de agua y la vierte dentro del recipiente hasta que no le entra una gota más. Ahora, pregunta: —¿Cuál es el significado, el principio, la enseñanza de lo que acaban de ver?

Movimientos, rumores, caras pensativas, dudas, hasta que un alumno levanta la mano y dice: la enseñanza es que no importa lo ocupados que estemos, lo sobrecargados de trabajo que nos pensemos o lo desbordados que nos sintamos, siempre hay lugar para hacer algo más.

—No, contestó categóricamente el profesor— la enseñanza es, las rocas primero".

A Lilian, cimiento de mi vida y de mi mayor proyecto: mi familia.

Introducción

"La excelencia viene de dedicarse apasionadamente a una sola perspectiva.

El genio viene de dedicarse apasionadamente a la integración de varias perspectivas.

La sabiduría viene de dedicarse apasionadamente al proceso de relacionar varias perspectivas".

Robert Dilts

En este libro no se encontrará una nueva teoría de la negociación, ya que como integrantes de CMIIG, adherimos calurosamente a la negociación por principios del profesor Roger Fisher *(Metodología del Proyecto de Negociación de la Universidad de Harvard)*, lo que se verá reflejado en las frecuentes referencias y conexiones que, en el trascurso de los capítulos se establecen con aquella, así como en la utilización de algunas de nuestras herramientas habituales de trabajo.

Abona por tanto, aunque desde una perspectiva diferente, a la corriente filosófica o a la cultura de *ganar/ganar* en las negociaciones y la resolución de conflictos. Esta corriente define "ganar" o "tener éxito" en una negociación como aquella donde el resultado que obtuve:

- Satisfizo los intereses: los míos bien, los de la otra parte también bien (o al menos de forma aceptable) y los de terceros, de forma tolerable. Fue una solución eficiente, sin desperdicio: la mejor opción entre muchas creadas.

- Fue legítimo para todos, nadie se sintió estafado.
  Fue mejor que mi mejor alternativa (mejor de lo que podía hacer solo o con otro).

- Se plasmó en un compromiso realista, operativo y funcional. Y además, el proceso fue eficiente.

- Existió buena comunicación.

- Fortalecí el tipo de relación que quería.

Por esta razón y dado que no se trata de un libro de tácticas de cómo sacar ventaja al otro en una situación de negociación, si usted desea mejor la forma como negocia o resuelve sus diferencias, cuando finalice de leer este libro, mi mejor recomendación es: en lugar de guardarse los conocimientos o dejar este libro en su biblioteca, préstelo a aquellos con los que tiene que negociar; le aseguro que sus resultados serán mejores. Si por otro lado, quisiera ampliar algunos de los conceptos que pertenecen a dicha teoría *(Harvard Negotiation Project)*, le recomiendo la lectura de *Sí, de acuerdo. Cómo negociar sin ceder* de R. Fisher, W.Ury y B. Patton, donde encontrará detallado el corazón de la metodología.

En toda negociación hay dos elementos claves en la determinación del éxito: el tipo de comunicación y la relación de trabajo que los negociadores sean capaces de crear o establecer.

Por buena comunicación, base de cualquier sistema proactivo, se entiende aquella:

> que es eficaz, es decir, donde las partes de una negociación logran un entendimiento claro y conciso de los mensajes, centrado en el principio de la funcionalidad y calidad de la información emitida;

> que es eficiente, es decir, no toma toda la vida alcanzar ese entendimiento;

> que en lugar de comunicar **hacia** la otra parte, los negociadores se comunican **con** la otra parte y en lugar de sólo exponer sus argumentos, son también capaces de escuchar activamente y preguntar con la finalidad de comprender y aprender, en un sistema de doble vía, retroalimentado, donde cada parte se asegura de haber entendido y haberse dado a entender.

Donde ambas partes son capaces de plantear sus puntos de vista y conclusiones, pero también de explicarle al otro los datos de donde los extrajeron y el razonamiento e interpretaciones que están detrás de ellos y que los generan.

Por una buena relación de trabajo se entiende entablar un trato cordial y respetuoso con quienes se debe negociar.

Una buena relación de trabajo tiene que ver entre otras cosas, con:

- Saber dirimir las diferencias de forma asertiva, es decir, ni sumisa ni agresivamente.

- Saber separar a las personas del problema; respetarse, entenderse, comprenderse y aceptarse mutuamente como seres humanos, aun cuando se traten con firmeza los temas de la sustancia.

- Ser capaces de manejar y equilibrar las emociones con la razón.

- Saber construir un ambiente de confianza y credibilidad mutua.

Desarrollar sus habilidades personales en estas dos áreas, le garantizará mejores resultados en las negociaciones donde participe, especialmente si decide hacerlo de forma proactiva, es decir, tomando la iniciativa y asumiendo la responsabilidad por los resultados, y de manera incondicionalmente constructiva, es decir, tanto si existe reciprocidad de la otra parte, como si no.

Sin embargo, no voy a decir que es mejor comunicarse bien que hacerlo mal y que debe lograr una buena relación de trabajo con quien va a negociar; eso usted ya lo sabe. Lo que haré es compartir algunas estrategias, técnicas y herramientas extraídas de los campos de la psicoterapia y de la negociación, acerca de cómo lograrlo.

Éste es un libro de relaciones, una verdadera negociación entre los mundos de la psicología y el de la negociación propiamente dicha.

Su soporte técnico y científico resulta de integrar a la perspectiva de la negociación del *Harvard Negotiation Project,* algunos de los conceptos psicológicos de nuevas ciencias de la conducta que me parecieron interesantes, aplicables y adaptables a este contexto. Los lectores con conocimientos en psicología podrán reconocer ideas y herramientas que tomé, adapté e integré de diversas disciplinas del campo (terapias breves, hipnosis ericksoniana, gestalt, etc.), pero fundamentalmente de *Análisis transaccional* (Eric Berne) y *Programación neurolingüística* (Richard Randler y John Grinder), por las que agradezco a todos mis maestros en estas artes y a sus creadores, en especial, al doctor Roberto Kertész, quien me inició en ellas.

Se trata de un conjunto de ensayos, cuyo hilo conductor es la búsqueda de una mayor comprensión del impacto de la dimensión humana en las negociaciones y de cómo sacarle provecho, con el fin de mejorar los resultados para todas las partes que en ellas intervienen.

Debido a dos aspectos: por un lado, la universalidad de los temas de relación y comunicación en las negociaciones y en la vida en general y, por el otro, el nivel estratégico y no táctico de los enfoques, ideas, sugerencias, técnicas y herramientas de los diferentes ensayos, le serán útiles y aplicables a los más diversos contextos y momentos de su vida.

Los conceptos de este libro podrán aplicarse a cualquiera de las negociaciones a las que pueda verse abocado en el transcurso de su vida, desde los conflictos y negociaciones domésticas (familiares, de pareja o interpersonales del diario vivir), hasta aquellos escenarios más complejos de tipo comercial y laboral (organizacional, interinstitucional, internacional), social o político.

De forma genérica, los mejores resultados los obtendrá en aquellas negociaciones donde la relación de largo plazo es importante, es decir, en negociaciones que continúan a través del tiempo, que muchas veces involucran, sin que seamos muy conscientes de ello, más de dos partes y múltiples asuntos: algunos de ellos tangibles como dinero, productos o servicios; algunos intangibles como confianza, reputación o precedente. Estas son sin duda las características de la mayoría de nuestras negociaciones, las que tenemos con nuestras esposas/esposos, hijos, vecinos, jefes, colaboradores, clientes, proveedores, amigos, etcétera.

En cualquiera de esos contextos, este libro lo ayudará a resolver problemas que siempre han sido considerados difíciles de manejar en las negociaciones, entre otros:

- Administrar el tiempo de sus negociaciones, evitando caer en juegos psicológicos.

- Hacer buenas preguntas.

- Categorizar a las personas. Conducirse frente al riesgo. Generar confianza y credibilidad.

- Manejar el enojo y la agresividad.

- Defenderse de los que quieren sacar ventaja o de los que tratan de manipularnos, chantajeándonos o haciéndonos sentir culpa o miedo.

- Conocimiento de sí mismo y de los demás para convencer.

En fin, este libro es el resultado de buscar respuestas conceptuales y prácticas a algunas de las preguntas más difíciles que se encuentran en los entrenamientos y asesorías.

Es un libro esencialmente práctico. En cada ensayo encontrará un breve marco teórico, como apoyo para entender conceptualmente el tema; ejemplos y pequeñas historias que además de hacerle agradable la lectura, lo ayudarán a ilustrar las ideas y herramientas para su aplicación a la vida diaria.

A la mayoría de las herramientas, cualquiera de las presentadas en los diferentes capítulos, es imposible atribuirles un valor moral intrínseco, como sucedería si quisiéramos dárselo a la acción de persuadir o influir en los otros. Al decir del profesor Fisher, "en una situación de conflicto, la moralidad de una acción a menudo se mide, no por la evaluación de la naturaleza propia de la acción, sino midiendo sus consecuencias" y señala más adelante en su libro *Más allá de Maquiavelo:* "En síntesis, si se adoptan posturas morales basadas en las posibles consecuencias de las decisiones propuestas, se incorpora un requisito moral al pragmatismo: calcular los resultados probables de las propias acciones, y evaluar lo bueno y lo malo involucrado en ellas".

De una forma más sencilla, Fisher propone hacerse a sí mismo una serie de preguntas que lo obliguen, contestadas con honestidad, a pensar en ciertos criterios éticos antes de hacer una propuesta (usar una herramienta o una técnica); por ejemplo: si dentro de unos años analizo determinada conducta, o si apareciera mañana en primera plana de algún diario,

¿lo más probable será que me enorgullezca o me avergüence y arrepienta de ella?

¿Seré reconocido por ella o tendré que defenderme?

¿Me complacería que esto fuera usado con algún familiar mío?

¿Querría que mis hijos lo utilizaran como guía de sus acciones futuras?

¿Es legal? ¿Es coherente con la creación e interpretación prudente de leyes justas?

¿Es coherente con las distintas enseñanzas religiosas que existen en el mundo?

¿Cómo describiría mi conducta un novelista?, ¿como más cercana a la de un héroe o a la de un villano?

Una idea básica que puede servirnos de guía para nuestra conducta acerca del uso de un conocimiento, estrategia, técnica o herramienta en una situación dada es "...buscar minimizar las cosas de las que tengamos que arrepentirnos más tarde y maximizar las posibilidades de que podamos seguir pensando (racional y visceralmente), que hicimos lo más justo".

Esto no garantiza que dos personas consideradas igualmente éticas, lleguen al mismo veredicto, pero "si sabemos que los objetivos fueron definidos cuidadosamente, que se diseñaron meticulosamente los medios para alcanzarlos y que tanto fines como medios fueron evaluados conscientemente a la luz de altos valores, eso es todo lo que se puede pedir".

Por último, las guías y recomendaciones lo orientarán de manera sencilla sobre la forma de aplicar las distintas herramientas. Debido a que cada ensayo es una unidad por sí misma, pueden leerse separadamente y sin orden, aunque les sugiero el orden en el que están.

Que los disfruten.

Capítulo 1

¿Los opuestos se atraen?
En los imanes sí; en los humanos no.

¡Vos sos una persona muy inteligente porque pensás igual que yo!

Álvaro Más

Crear una buena relación de trabajo es una tarea

La experiencia demuestra que las negociaciones en las que se obtienen mejores resultados, son aquellas donde los participantes se dedican a explorar los intereses de las partes involucradas, a desarrollar opciones creativas y apoyar a estas últimas con criterios objetivos de legitimidad, ajenos a la voluntad de los negociadores.

No obstante, con frecuencia no es posible entrar a tratar estos temas que apuntan a la esencia de la negociación, hasta sentar las bases de una buena relación de trabajo, la cual no necesariamente significa hacerse amigos o invitar a la otra parte a cenar en casa, sino lograr que los participantes de la negociación sean capaces de superar sus diferencias de forma civilizada y asertiva y, en especial, generar un clima de confianza y credibilidad que permita alcanzar los mejores resultados para las partes, no sólo a corto plazo, sino también a mediano y largo plazo.

Sin embargo, las personas que participan en la preparación de una negociación, a menudo se sorprenden cuando se les pregunta acerca del tipo de relación que desean establecer y de lo que piensan hacer para lograrlo.

La mayoría de las veces, este elemento, sin el cual los demás podrían no tener sentido, no se tiene en cuenta, pues se cree que es algo que se da de manera natural.

Algunas personas piensan que una buena relación de trabajo es algo espontáneo. Sin embargo, dejar a la espontaneidad un elemento tan importante y volátil, puede implicar un riesgo en el momento de negociar o, al menos, una pérdida de buenas oportunidades para cimentar los demás elementos de la negociación.

Una adecuada relación de trabajo es como el aceite para un motor: su existencia facilita el desarrollo de las negociaciones y su ausencia puede llegar a detenerlas. Propiciar una buena relación de trabajo es un objetivo primordial de las negociaciones que exige preparación, técnica y destreza. Como en muchas otras cosas de la vida, es necesario tener un objetivo claro y una estrategia al respecto. Para ello, es aconsejable hacerse varias preguntas:

- ¿Qué tipo de relación tengo hoy con la persona con quien voy a negociar?

- ¿Qué tipo de relación desearía para el futuro?

Si las respuestas a las preguntas anteriores son diferentes, las preguntas que siguen son:

- ¿Cuáles son las causas de las diferencias?

- ¿Qué voy a hacer para lograr lo que me propongo? ¿Cuál va a ser mi estrategia? ¿Cuáles pueden ser algunas acciones específicas?

- ¿Qué tomaré como evidencia de estar lográndolo?

- ¿Qué otras cosas puedo hacer si eso no me da resultado o si algo imprevisto me lo impide?

Para crear una buena relación, más vale caer en gracia que ser gracioso

Uno de los principios más universales y de mayor aplicabilidad práctica en el campo de las relaciones humanas en general y, por supuesto, de las negociaciones, podría expresarse así: cuando una persona nos simpatiza, es menos probable que queramos disentir con ella y más probable que respondamos de manera afirmativa a sus solicitudes.

Las implicaciones de esta generalización son muy importantes para cualquier tipo de relación, pero más aún cuando, como en el caso de las negociaciones, los resultados dependen de la capacidad de persuadir y lograr respuestas afirmativas a las solicitudes o proposiciones respectivas.

Si esta aseveración es cierta, la pregunta que se impone es: ¿Cómo es la gente que nos simpatiza?

Las preguntas particulares que deben formularse son:

- ¿Cómo es la gente con la que me llevo mejor?

- ¿Qué hace que eso suceda?

- ¿Qué debe hacer, decir, pensar o sentir una persona, para que me simpatice o para generar una buena comunicación conmigo?

La gente como uno

Durante los años que trabajé como director de marketing de una empresa de venta directa que utiliza en mi país el mismo sistema de Avon, se usó como primer criterio para la selección de las vendedoras -llamadas consejeras de belleza- que fueran amas de casa, vecinas del lugar, pues el mercado objetivo eran las demás vecinas del lugar.

Esta selección, aparentemente simple, tenía una lógica muy poderosa que la sustentaba y es la siguiente:

una de las razones más contundentes de por qué algunas personas nos agradan, es porque son parecidas a nosotros.

Como se comprenderá, cuando se dice «personas como nosotros» o «parecidas», no se trata de que sean idénticas. Se hace referencia a que, en algún o algunos puntos, su mundo y el nuestro tengan algo en común. Cuanto más puntos de contacto, más identificación habrá.

¿Parecidos en qué?

Algunas veces, como en la expresión del doctor Más que encabeza este capítulo, ese punto de contacto pueden ser las opiniones compartidas sobre algo (un problema, la política, el fútbol o cualquier otro tema).

Otras veces, lo compartido pueden ser aspectos de cierta trascendencia como la raza, la religión, la nacionalidad, algunos rasgos de personalidad, un partido político, el estilo de vida, la profesión o intereses, valores y creencias acerca de distintos aspectos de la vida.

En algunas oportunidades y según el contexto, aspectos menos importantes como compartir un pasatiempo, tener algún conocido o amigo en común, haber visitado los mismos lugares e incluso detalles triviales, como compartir la misma marca de automóvil o el mismo club deportivo, generan el mismo efecto.

Elementos poco aparentes, menos conscientes, pero no por eso menos contundentes, son también capaces de generar el parecido o similaridad: la vestimenta, la forma de hablar (volumen, tono, timbre, velocidad, acento, etc.), la manera de andar, la postura, los gestos faciales o los movimientos corporales.

Debido a que en general se juzga al mundo y a los demás con los parámetros y los puntos de vista propios, la similitud es el criterio silencioso y poco consciente con el que se selecciona a la mayoría de las personas con las que cada individuo departe en la vida: amigos, colaboradores, pareja.

Ser vecinos, es decir, vivir en el mismo barrio implica, aunque no siempre, la conjunción de muchas de las similitudes mencionadas: nivel socioeconómico, cultural, a veces raza o nacionalidad, etc. Por esta razón, ese era el primer criterio de selección de las consejeras de belleza del sistema de venta puerta a puerta.

La falacia que encabeza el capítulo, acerca de que los opuestos se atraen, es posible que tenga algo de verdad o que existan excepciones que la confirmen. Muchas personas podrían decir que tienen amigos diferentes a ellas. En algunos casos las diferencias le agregan interés a una relación sustentada en los parecidos. No obstante, resulta bastante difícil imaginar una buena relación cimentada en las discrepancias, en las diferencias, en el conflicto.

Expuesto ahora en forma completa, el principio dice: si somos parecidos, le simpatizaré y si le simpatizo, es menos probable que quiera disentir conmigo y más probable que responda de manera afirmativa a mis solicitudes.

Igualadores o diferenciadores

Las personas podrían categorizarse entre aquellas que perciben y enfatizan de forma predominante las diferencias entre las ideas, situaciones o personas, llamadas diferenciadores, y aquellas que perciben con más facilidad las similitudes, lo parecido entre las situaciones o las personas, a quienes se designa con el término de igualadores.

Funcionar de una de estas maneras no es genéricamente bueno, malo o mejor que otra, pero existen situaciones, momentos e incluso secuencias, donde la aplicación de una u otra forma de procesar es más eficiente.

Por ejemplo, en una negociación, durante la etapa de creación de opciones y presentación de nuevas ideas para solucionar un problema, es conveniente que esas ideas sean analizadas primero por los igualadores, quienes probablemente encontrarán la forma en que la nueva idea puede funcionar y luego, por los diferenciadores, quienes probablemente encontrarán el contraejemplo, la situación o las circunstancias donde la idea puede fallar. La secuencia contraria, es decir, criticar al comienzo las nuevas ideas, no es la más adecuada ni recomendada cuando se buscan formas creativas de solucionar un problema.

La tarea de generar una buena relación, comunicar, sintonizar o generar parecido con otro u otros, se beneficia al hacer énfasis en las similitudes y por tanto, al hacer uso de todas las dotes de igualadores de que se disponga. En situaciones conflictivas, en negociaciones y en la vida cotidiana, comenzar haciendo énfasis en lo que separa, lo que diferencia, en los desacuerdos, no es lo más aconsejable cuando el objetivo es llegar a la solución de un problema.

Como regla general, transformar un acuerdo menor en un acuerdo mayor, es infinitamente más fácil que transformar un desacuerdo en un acuerdo.

Un igualador incomparable

Uno de los más célebres personajes de este siglo en el campo de la medicina y en especial en el de la psiquiatría, es el doctor Milton Erickson, padre de la hipnosis moderna. Pocas personas han sido tan afanosamente estudiadas y analizadas por otros como el doctor Erickson, para descubrir el secreto de sus estrategias de intervención y de su habilidad para influir y persuadir a personas especialmente difíciles.

Después de mucho tiempo de observación directa y estudio de las filmaciones realizadas por sus alumnos y expertos analistas, se descubrió, entre otras cosas, que no muchos individuos podían igualar la habilidad del doctor Erickson para generar, con tanta rapidez, una inmejorable comunicación y relación de trabajo con sus clientes. Para Erickson no había pacientes resistentes, sólo terapeutas con poca flexibilidad.

Sintonía, conformidad, acuerdo, alineamiento, parecido, familiaridad, similaridad, afinidad, armonía, aceptación, bienestar, pertenencia, son algunos de los sustantivos con los que podría describirse el resultado de la técnica conocida como acompasar, uno de los más grandes secretos de su éxito.

Acompasar (ir al compás) significa precisamente buscar el lugar donde nuestro mundo y el de la otra persona se encuentran, un punto de contacto, un lugar donde el principio de la similaridad sea aplicable a una situación dada.

Encontrar a la otra persona en su nivel, supone emparejar o igualar algún aspecto de sus comportamientos o de sus pensamientos o emociones. Consiste en presentar o resaltar frente a las personas con las que se negocia, trabaja o convive, los aspectos propios que son más parecidos o cercanos a los de ellos.

Acompasar es crear un puente de respeto, comprensión y aceptación del punto de vista del otro, lo que no implica necesariamente que se comparta.

Acompasar es comunicación, tal vez la más elemental y contundente forma de comunicar. Cuando se acompasa se le está diciendo de alguna manera a la otra parte que puede estar tranquila, que hay similitudes. Aquí se está aplicando una de las formas más sutiles de generar credibilidad y confianza entre las personas, dos de los valores más importantes para establecer una buena relación de trabajo, necesaria para el éxito en las negociaciones.

Gorilas en la niebla, la película basada en la vida y obra de la famosa antropóloga Dian Fossey, es uno de los ejemplos más ilustrativos del poder de esta técnica, que en este caso rebasa los límites de la comunicación entre humanos, para mostrar su efectividad, incluso entre hombres y primates.

Acompasar es algo natural

Acompasar es algo para lo que el ser humano está bien condicionado, algo que comienza a aprenderse de los padres desde el nacimiento y que se hace de manera natural todo el tiempo.

Recordar la postura corporal, los gestos, la forma de hablar que adoptan los adultos cuando quieren generar una buena comunicación con un niño pequeño, permite comprender el concepto, y lo sencillo y espontáneo que es para la mayoría de las personas acompasar físicamente con otras.

Pensar en la dificultad que se tiene para no bostezar cuando otro lo hace, o para no imitar el tartamudeo o los tics de alguien con quien se habla, o para no sentir que falta el aire cuando se está en presencia de un asmático en crisis, ayuda a entender la natural tendencia humana a acompasar.

Si se observa y escucha con atención en restaurantes, oficinas y lugares públicos donde la gente se encuentra, conversa y pasea, podrá percibirse con qué facilidad y naturalidad las personas que están en sintonía se acompasan y armonizan, e incluso es sencillo distinguir cuáles no lo están, aunque no se sepa de lo que hablan.

Si un latino viaja a otro país de habla hispana y vive allí un tiempo largo, su acento cambiará, adaptándose al del lugar, a tal punto que a veces será absolutamente indistinguible de un lugareño. El adagio popular «*donde fueres haz lo que vieres*», es una versión sintetizada del mismo principio. Lo que la sabiduría popular está diciendo es que cuando se vaya a un lugar extraño hay que acompasar, pues esa es la forma de ser parecido y acomodarse mejor.

Para convivir en sociedad hay que acompasar cada momento con las personas y los contextos generales, como la forma de vestir o el silencio que se guarda al entrar en un templo, independientemente de si se cree o no en esa religión.

No obstante, la predisposición natural para acompasar puede, como con tantas otras habilidades, mejorarse, si se le presta atención de manera consciente y si se practica. Éste es el objetivo de este capítulo.

¿Qué acompasar?

El mundo entero o cualquier situación de la vida, incluidas por supuesto las negociaciones donde se participa a diario, pueden ser motivo para encontrar similitudes que unen o diferencias que separan.

Si el objetivo es acompasar, existen infinidad de niveles y circunstancias, desde las más triviales hasta las más significativas, desde las más evidentes hasta las menos conscientes, donde puede encontrarse o generarse un punto en común entre el mundo propio y el de los otros negociadores.

♦ Valores, creencias, intereses y opiniones acerca de las cosas.

> Algunas veces se puede estar en sintonía con los valores y creencias de una persona; entender y compartir lo que ella, desde su punto de vista, cree que es verdad, vale la pena o le interesa, aunque, si se habla en forma absoluta, esta no es la situación más común en conflictos y negociaciones. Sin embargo, aun en circunstancias de acentuados antagonismos, es posible encontrar algún supravalor compartido.

> Es frecuente, por ejemplo en el campo político, encontrar que dos acérrimos adversarios con profundas diferencias pueden, en ocasiones, llegar a acuerdos negociados sobre la base de su coincidencia acerca de la importancia, el valor y el interés mutuo de preservar la democracia o el bienestar nacional, por encima de las banderas partidistas.

> También es frecuente encontrar negociaciones estancadas por posiciones que, al explorarse con cuidado, tenían algunos intereses compartidos y complementarios detrás de posiciones antagónicas.

> Explorar con detenimiento los intereses que se encuentran detrás de las posiciones de las partes y señalar los que son comunes o los que son diferentes pero complementarios, es una buena estrategia de acompasamiento, más adecuada que comenzar tratando los intereses claramente contrapuestos y conflictivos.

> Otras veces, comenzar negociando y haciendo acuerdos sobre el proceso de la negociación, es decir, la forma como se va a negociar y establecer algunas reglas básicas de juego, puede ser, en situacio-

nes difíciles, una buena forma de acompasar, una probabilidad de crear un punto de interés común, un entendimiento que no comprometa la sustancia de la negociación, cargada muchas veces de temas más complejos.

Como mínimo, lo que siempre puede hacerse para acompasar una creencia, valor o interés particular, es entender y validar el derecho de la otra persona a tener un punto de vista diferente sobre un hecho o circunstancia, aunque no se esté de acuerdo. Reconocer este derecho y entender, aunque sin compartir ese criterio, muchas veces puede ser suficiente para encontrar un punto de contacto e iniciar de forma adecuada la relación que se necesita.

En realidad, persuadir tiene que ver con el hecho de validar el punto de vista del otro como uno de tantos posibles, para luego pasar a considerar y eventualmente aceptar otras opciones. La aceptación del punto de vista del otro lidera frecuentemente, aunque no siempre, la aceptación por parte del otro de nuestro punto de vista.

Es importante en este campo, tener la capacidad de distinguir entre un principio, que es aquello fundamental por lo que incluso podría estar en juego la vida, y lo que es un tema discutible, sobre el que sólo podría tenerse una opinión.

Ser firme en los principios, flexible en las opiniones y tener la capacidad de distinguir los unos de los otros es la situación ideal durante las negociaciones. Flexibilidad es la habilidad clave. En cualquier sistema humano, mecánico o electrónico, entre los que por supuesto están incluidos los sistemas negociadores, si las demás cosas permanecen iguales, el elemento dominador será aquel que tenga el más amplio rango de respuestas posibles.

Por último, toda negociación tiene algunos rituales, prolegómenos o pasatiempos donde, haciendo de la flexibilidad un valor, al menos siempre podrán encontrarse algunos temas de conversación de interés para la otra parte, que pueden ser útiles para crear similaridad sin mayor riesgo.

◆ Lenguaje corporal.

Más allá de que haya acuerdo o no con la generalización de que 93% del peso de la comunicación corresponde al proceso, al lenguaje corporal, a la forma de la comunicación y sólo 7% al contenido de las palabras, el fondo de la comunicación, hay que reconocer que el lenguaje corporal tiene un peso y una contundencia que lo hacen trascendente cuando se establece una relación en el campo de las negociaciones o en cualquier otra circunstancia de la vida.

Cuando en una negociación los gestos contradicen lo que se dice, en el mejor de los casos la contraparte quedará confusa; pero la mayoría de las veces creerá más en lo que ve. Estar atentos al lenguaje corporal y al de la contraparte, es el primer paso de una posible estrategia para acompasar a un nivel que para la mayoría es poco consciente y por tanto muy poderoso.

Como se mencionó antes, observar a las personas sentadas en los restaurantes o dialogando en reuniones de trabajo y en negociaciones, donde no se puede oír lo que dicen, es un excelente laboratorio para descubrir, por la similaridad o la disparidad de las posturas, gestos y movimientos, quiénes están en sintonía o acuerdo y quiénes no.

Compartir algunos patrones de conducta: el tipo, ritmo y amplitud de movimientos; algunos gestos; posturas corporales; distancias y aun la vestimenta, ayuda a crear una sensación de correspondencia, aceptación, pertenencia y bienestar conocida como sincronía interaccional, que es fácil de apreciar en grupos de jóvenes, en empresas, en reuniones sociales o en cualquier ambiente, si se presta un poco de atención. Esta sincronía genera un mensaje que le dice a la otra parte, de forma silenciosa y fuera de su control consciente, que son parecidos. Cuando esto ocurre de manera natural, los componentes del lenguaje corporal toman lugar en diferentes momentos de las conversaciones, en una secuencia que recuerda el ritmo de una danza.

El manejo de los espacios físicos está incluido. Por ejemplo, sentarse frente a frente o sentarse al lado, hace la diferencia en las reuniones de negociación. Sentarse a un lado de la persona con quien se negocia, es decir, alinear el cuerpo de forma que apunten ambos en la misma dirección, tal vez frente a un papelógrafo o a una hoja sobre la mesa donde se esté describiendo el problema, lleva implícito un acto de comunicación: hay un problema común que resolver, son dos personas, y lo están viendo desde la misma posición o punto de vista.

◆ El proceso del lenguaje verbal.

Acompasar la comunicación verbal de otra persona tiene dos componentes posibles: uno está relacionado con el volumen, la velocidad, el timbre, el ritmo y el tono del habla; el otro son las palabras, las oraciones y el tipo de metáforas usadas para representar la realidad.

Igualar (acompasar) en lo posible ambos componentes durante una conversación, genera en el oyente una sensación familiar, inconscientemente, de algo cierto, inteligente o verdadero.

Utilizar un tono y un volumen de voz similar, una velocidad parecida, usar palabras significativas para la otra persona, es decir, palabras que frecuentemente usa, enfatizar en sus exposiciones y explicar los conceptos propios mediante frases y metáforas pertenecientes al contexto y a la vida diaria de la otra parte, o referidas a temas que le son conocidos, propician una sensación de que ambos hablan el mismo lenguaje y, por tanto, son parecidos.

En algunas ocasiones, cuando las personas no hablan el mismo idioma, conocer y utilizar aunque sea tan sólo unas pocas palabras de la lengua del otro, es suficiente para crear un efecto de sintonía o al menos para transmitir una buena disposición, que seguramente será apreciada.

Cada vez que el profesor Roger Fisher comienza una charla para un público hispano, dice: *Buenas días* (en español) y luego, en inglés, continúa diciendo: *ahora ya conocen todo lo que sé de español*. El auditorio ríe y Roger se gana la simpatía de los asistentes.

Al contrario, utilizar jergas incomprensibles para la otra parte, a veces propias de un sector comercial, profesión o cultura, es enfatizar las diferencias y crear una distancia. Alguien que habla suave y pausadamente, agradecerá que su interlocutor no grite o no lo atropelle con la velocidad de sus palabras.

Hablar a una velocidad, en un tono de voz o un volumen totalmente diferente al de la otra parte, puede crear una barrera y una sensación de desacuerdo, aun cuando en el contenido no existan sustanciales diferencias.

Acompasar verbalmente puede influir profundamente en una relación que se esté estableciendo con otra persona. Manejar esta técnica se hace mucho más importante, cuando se negocia por teléfono, donde la voz es el único recurso para persuadir.

◆ El contenido del lenguaje verbal.

En una negociación, el contenido de lo que se dice puede ser una de las partes más difíciles de acompasar, puesto que no todas las veces las partes pueden estar de acuerdo con el contenido de lo que se plantea. No obstante, es posible utilizar el contenido del lenguaje verbal para acompasar, incluso en la circunstancia de no estar de acuerdo con lo que la otra parte propone.

Repetir textualmente lo que la otra parte acaba de decir, acompañándolo de un tono de sana curiosidad, indica que por lo menos se entendió lo que dijo, aunque eventualmente no se comparta.

Si una parte dice a la otra: déjeme ver si entendí lo que acaba de decir, y en seguida se repite lo que el otro planteó, de inmediato se genera respuesta positiva: «—Sí, así es» y, por consiguiente, un mínimo punto de acuerdo.

Parafrasear, es decir, reformular lo dicho por la otra parte modificando en algo la construcción de las frases, tiene el mismo efecto y es aún más sutil, si es acompañado de igual tono de curiosidad.

Parafrasear y ampliar, es decir, agregarle a la paráfrasis una opinión o concepto propio, aunque es ligeramente más riesgoso, produce resultados similares.

La repetición de cualquiera de estas técnicas o su combinación durante las conversaciones, siempre y cuando no se abuse de ellas, ayuda a crear en las negociaciones algunos espacios de acompasamiento que preservan la relación, aun en situaciones de divergencia notoria sobre la sustancia.

◆ Respiración.

Acompasar el ritmo respiratorio de otra persona es una de las formas más sutiles, inconscientes, poderosas y antiguas de las que se tiene registro. De gran aplicación en el campo de la hipnosis y de la psicoterapia, en el ambiente de los negocios es, en general, inapropiada y en negociaciones de múltiples partes, obviamente es absolutamente imposible.

◆ Estados de ánimo y emociones.

En ocasiones, las personas con quienes se interactúa en una negociación pueden presentar diferentes estados de ánimo en distintos momentos del proceso. Hay algunos que, en general, no es conveniente acompasar, como sucede con el enojo. Si bien algunas veces y en forma premeditada, alzar la voz y mostrar que también pueden ponerse límites tiene algún resultado favorable, no conviene, como regla general, escalar en la agresividad verbal y mucho menos entrar en la emoción. Para este caso, el lector debe remitirse al capítulo de la estrategia del vencido, donde se presenta una propuesta más elegante y eficiente para manejar estas situaciones.

Sin embargo, en otros estados de ánimo, como la depresión o la preocupación, acompasar puede ser el primer paso recomendado para cambiarlos. Hacerse eco de la emoción que la otra persona siente, manifestando de forma gestual, con el tono y el volumen de la voz y en ocasiones verbalmente comprensión y sintonía, permite acceder a otro estado de ánimo más productivo, de manera más expedita que si se descalifica lo que el otro siente. Pocas cosas causan más efecto negativo a una persona que está deprimida o preocupada, que decirle eufóricamente que no hay motivo alguno para su estado de ánimo, por cuanto además de descalificar su emoción, se le presenta como alguien que no tiene un manejo mesurado de sus sentimientos.

¿Qué no acompasar?

Aunque a veces es difícil de manejar, se recomienda no acompasar tics nerviosos, manerismos, acentos extranjeros, tartamudeos o cualquier otro comportamiento que pueda, al imitarlo, ser mal interpretado por la otra persona.

Tampoco se aconseja acompasar creencias o valores contrarios a los principios esenciales de cada persona, ni comportamientos agresivos.

Acompasar, para luego liderar, significa buscar o generar un parecido, como primer paso de una estrategia para mostrar luego lo diferente. Encontrar un punto de contacto que ayude a crear un ambiente de credibilidad y confianza para luego encaminarse hacia lo distinto, es una de las estrategias de persuasión más efectivas desde el comienzo de los tiempos y es infinitamente mejor que intentar persuadir comenzando por las diferencias.

Recordemos la regla general: pasar de un acuerdo menor a un acuerdo mayor, es infinitamente más fácil que hacerlo de un desacuerdo a un acuerdo.

Quien primero acompasa a los demás, tiene más posibilidades de que lo sigan. En una negociación, plantear de entrada las diferencias tiende a generar resistencias y a hacer las cosas más difíciles para cambiar el sistema.

¿Cuándo es el momento de comenzar a liderar?

El tiempo durante el cual es necesario acompasar para comenzar a liderar varía de una negociación a otra. En algunas situaciones, el período de acompasar puede ser breve: en otras será conveniente no intentar liderar muy pronto.

Es cuestión de ensayo y error. Si ante el intento de liderar lo que se obtiene es la resistencia del otro negociador, la recomendación es volver a acompasar, esperar una nueva oportunidad para intentar liderar un poco más tarde, recordando que si una cosa no da resultado, intentar otra es lo aconsejable.

En la mayoría de las negociaciones, el juego de acompasar, liderar y volver a acompasar para nuevamente intentar liderar, debe repetirse muchas veces, tantas como sea necesario.

Un valor agregado

Distintas escuelas de negociación recomiendan como preparación para el proceso de concertación, ponerse en el lugar del otro, lo cual tiene enormes ventajas para comprender cómo piensa y siente el antagonista, y cuáles pueden ser, desde su punto de vista, algunos de sus intereses y opciones para llegar a un acuerdo negociado. Establecer algunos de estos elementos, permite muchas veces prever y anticipar posibles respuestas y comportamientos de la otra parte ante las distintas propuestas.

Ponerse en el lugar del otro puede realizarse razonando, solo o con otros, ante una hoja de herramienta de preparación sistemática. También puede lograrse representando, dramatizando el papel de la persona en cuestión.

Sin embargo, durante la negociación, acompasar no sólo tiene efectos sobre una de las partes; los tiene sobre ambas. Adoptar diferentes posturas alcanza para que aparezcan, como en el escenario de un teatro, diferentes personajes. La forma de hablar, de pensar y de sentir es diferente según la posición física que se adopte; la actitud varía si se está acostado, sentado o incómodo.

Entrar en real sintonía con otra persona, adoptar su postura, sus gestos, su forma de hablar, es como estar dentro de su cuerpo o de su mente. Esto brinda nueva y diferente información, abre el camino a una más profunda comprensión de sus pensamientos, emociones y perspectivas. Con la práctica, puede llegarse a pensar y sentir, por momentos, como la otra parte, lo que habilita para liderar con más propiedad y respeto. Sin embargo, esto también tiene algunos riesgos.

Es probable que al acompasar, poniéndose en el lugar del otro, surja una empatía tal que, en ocasiones se le dé toda la razón al otro o se concluya que los argumentos propios son realmente flojos para lograr el cambio deseado. En cualquier caso, hay que decidir qué hacer con esa información adicional, la cual representa un valor agregado para el negociador que la posea.

Dos habilidades complementarias

Luego de fijado el objetivo, cualquiera que sea el terreno o situación de negociación donde se haya decidido acompasar como parte de la estrategia para generar una buena relación de trabajo, una habilidad complementaria a desarrollar es la agudeza perceptiva.

Dado que el mensaje de la comunicación es la respuesta del receptor, estar atentos, aguzar todos los sentidos, captar las reacciones que se provocan en el otro, es condición necesaria para determinar, por ejemplo, el elemento adecuado para acompasar, el momento conveniente para liderar, la conveniencia de volver a acompasar y la pertinencia de hacer algo diferente.

Atendiendo a este último punto, la segunda habilidad complementaria es la flexibilidad, ya que si lo que se hace para acompasar y liderar no da el resultado esperado, la recomendación es promover otra estrategia.

Algunas recomendaciones generales para la práctica

Como cualquier habilidad humana, la capacidad para generar alineamiento y sincronía, mejorará con la práctica, pero se recomienda:

- No dejar pasar ninguna oportunidad para practicar, ya que para hacerlo no se necesita estar en una negociación formal. Practicar a diario. Si no se quiere correr ningún riesgo al comienzo, la práctica puede hacerse frente al televisor o caminando en la calle. Para ello puede seguirse, unos pasos atrás, a alguien que camine realmente diferente y acompasar con esa forma de andar: es probable que nadie lo note, pero en este ejercicio puede percibirse físicamente la incomodidad de la diferencia y poco después, un nuevo mundo de sensaciones, pensamientos y emociones.

- Probar con un elemento a la vez: al comienzo no es recomendable tratar de mezclar muchas técnicas.

- Elegir el elemento que intuitivamente se crea que resultará más fácil acompasar. Lo que con frecuencia resulta más sencillo es comenzar acompasando la forma de hablar de la otra persona (tono, ritmo, volumen).

◆ A medida que se gane familiaridad con los diferentes elementos, podrá usarse el que sea más útil o conveniente según la situación. Por ejemplo, si un negociador no mira a su interlocutor cuando habla o mantiene la vista baja, acompasar verbalmente es lo más indicado.

◆ Por último, usar varios tipos de acompasamiento al mismo tiempo no es difícil y aunque la atención al principio se desvíe un poco del contenido de la conversación, no hay que preocuparse: todas las personas reiteran una misma idea en el trascurso de una conversación, discurso o escrito, como podría comprobarse si se revisa este capítulo.

Entonces: ¿Acompasar es la píldora milagrosa de las negociaciones?

Decididamente no.

Crear una buena sintonía es un prerrequisito para la comunicación efectiva y para operar en mejores condiciones los otros elementos de la negociación.

Acompasar puede generar una buena predisposición de la otra parte, pero desarrollar una relación duradera y resultados satisfactorios en las negociaciones, requiere más que eso.

No sustituye la competencia. Crear un ambiente propicio es un complemento pero no un sustituto de la habilidad o competencia para:

◆ Escuchar y establecer una buena comunicación de doble vía.

◆ Descubrir intereses detrás de las posiciones y ser capaz de satisfacerlos.

◆ Generar opciones creativas, con valor agregado para todas las partes.

◆ Apoyar los argumentos con criterios de legitimidad y dejarse persuadir por las razones legítimas de los demás.

◆ Establecer compromisos inteligentes, realistas, operativos y funcionales.

◆ Desarrollar una buena alternativa, en caso de no llegar a un acuerdo.

No sustituye la buena fe ni la filosofía de respeto y ganancia mutua. Si el objetivo es usar esta herramienta para luego manipular y utilizar a la gente; si no se es capaz de además de hacer sentir bien momentáneamente

al otro, pensar en el largo plazo, contemplar honesta, sincera y respetuo-
samente sus intereses y necesidades, es posible que al principio obtenga
algún logro; pero muy pronto, los resultados develarán el corto plazo del
efecto de su maniobra.

¿Los opuestos se atraen?

Crear una buena relación de trabajo en el largo plazo indica una buena capacidad para acompasar y requiere además:

> Aceptar al otro como persona y saber que puede tener una visión
> diferente, aunque no se comparta.

> Establecer una buena comunicación de doble vía.

> Comprenderse mutuamente aun en el desacuerdo.

> Equilibrar las emociones con la razón.

> Ser incondicionalmente confiables.

> Usar la persuasión en lugar de la manipulación.

Capítulo 2

Cómo y cuándo es útil segmentar a las personas

Una guía práctica para clasificar el mundo

Primera clasificación del mundo: el mundo se clasifica entre los que usan paraguas y los que no usan paraguas.

Segunda clasificación del mundo: el mundo se clasifica entre los que clasifican al mundo entre los que usan paraguas y los que no usan paraguas y aquellos que no clasifican al mundo.

Autor desconocido.

El ser humano es un animal de costumbres

¿Es posible conocer tanto a alguien como para asegurar, con un alto porcentaje de posibilidades de acertar, que ante un determinado hecho o circunstancia va a actuar de una manera habitual y por tanto previsible?

Seguramente sí. Es muy probable que esto suceda con las personas con las que se ha tenido más tiempo de convivir, ya sean parientes, compañeros de trabajo, clientes, amigos o vecinos; en resumen, gente con la que constantemente se negocia.

El tiempo y la observación (aun la inconsciente) permiten reconocer ciertos patrones de comportamiento, de respuesta o de preferencia de ciertas personas, que bajo determinadas condiciones habilitan para vaticinar algunos hechos.

Los comportamientos previsibles de los seres humanos responden a programas creados en algún momento de su vida; dependen de algunas generalizaciones realizadas, atajos que el biocomputador de cada uno ha desarrollado para sobrevivir en un mundo complejo.

El origen de nuestros hábitos

En algunos casos, es bastante fácil detectar la situación o los acontecimientos de la vida de las personas que dieron origen a algunos de sus patrones habituales de comportamiento o incluso a algunas de sus más notorias habilidades, capacidades o incluso valores y creencias.

En este sentido, es interesante la perspectiva que presentan García y Dolan en su libro *Dirección por valores*, donde afirman que: «Los valores son aprendizajes relativamente estables en el tiempo en que una forma de actuar es mejor que su opuesta para conseguir que las cosas nos salgan bien».

Algunas veces, un solo hecho importante y notorio, tal vez con bastante compromiso emocional, es suficiente para alcanzar un aprendizaje, para moldear una visión y para marcar la forma futura de ver cualquier hecho. En otras ocasiones son situaciones de bajo impacto emocional, pero repetidas muchas veces, durante la época más sensible de la vida de un ser humano (desde el nacimiento hasta los 6 y 8 años), las que «culturizan» las respuestas. En otros casos, los acontecimientos que dieron origen a esos programas están ocultos para la memoria o conciencia y, algunas veces, ni siquiera pertenecen a la experiencia propia sino a la de algún «programador» anterior, o a la del programador del programador.

Permítanme ponerles un ejemplo personal que refuerza lo que estoy diciendo.

Es probable que si estoy almorzando, cenando o tomando cualquier alimento, no deje sobrantes de comida en el plato, aun cuando la cantidad sea excesiva. Reconozco que esto puede ser perjudicial para mi salud, pero si no hago un esfuerzo consciente por manejar la situación, es absolutamente seguro que el antiguo programa funcionará. La programadora fue en este caso mi abuela paterna, una matrona grande y gorda que me repetía en un tono muy serio: «Más vale reventar, que la comida tirar», mientras me ordenaba comer la manzana que tenía en mi mano hasta que le aparecieran las semillas.

Muy probablemente el origen de tan potente mandato haya estado en la generación anterior a la de mi abuela, en gente que en Europa sufrió las calamidades de las guerras. Es en ese contexto, donde la generalización cobra su real sentido. No obstante, de no mediar un deseo voluntario por controlarlo, este programa haría mi comportamiento absolutamente predecible hoy, dos generaciones después.

Microprogramas, macroprogramas y metaprogramas

Si bien el ejemplo se refiere a un microprograma, en el transcurso de la vida el cerebro construye grandes generalizaciones que abarcan más de una situación específica. Éstas son llamadas macroprogramas y metaprogramas, es decir, programas de programas.Los metaprogramas se trasforman en grandes filtros del pensamiento que determinan formas preferenciales de percibir la realidad, de procesar internamente la información, de discriminar puntos de interés y de establecer las formas habituales de responder o de asumir comportamientos.

Como todas las generalizaciones, estos programas son atajos del pensamiento que ayudan a vivir sin tener que pensar -cada vez que se presenta una situación de decisión-, cuál de las muchas opciones va a elegirse, simplificando así procedimientos. Si cada vez que alguien se encontrara ante una puerta tuviese que pensar dónde está el pestillo y para dónde abre, la vida sería imposible. No obstante, cuando una puerta se abre en el sentido opuesto al habitual, se percibe la limitación que lleva incluida toda generalización. El peligro de las grandes generalizaciones es precisamente el de restringir las opciones, a veces a tal punto que hacen que las respuestas parezcan automatismos que reducen la flexibilidad.

Debido a que muchas veces no se percibe conscientemente lo que se hace o la forma como se hace, la capacidad de determinar la conveniencia y funcionalidad de los propios programas se restringe.

¿Cuándo negociar?

Al igual que en cualquier otra actividad, cuando se negocia, los metaprogramas y los de los otros negociadores entran en acción.

Dado que la mayoría de las negociaciones personales complejas se repiten a lo largo del tiempo con personas muy cercanas o conocidas (jefes, colaboradores, amigos, clientes, proveedores, esposos, hijos, vecinos), prever no sólo es factible sino que cobra vital importancia. Conocerse a sí mismo y conocer a los demás es la base para anticipar.

Cuando puede establecerse el proceso por medio del cual una persona toma determinado tipo de decisiones, es probable que aumente la capacidad de prever la forma como decidirá en el futuro situaciones similares.

Predecir y utilizar algunos de los aspectos mencionados (valores, creencias, intereses, formas preferenciales de captar la información y de procesarla, tipos de comportamiento ante determinadas situaciones), marca la diferencia al momento de negociar.

Muchas veces con sólo presentar las cosas en la forma equivocada, puede arruinarse el resultado de una excelente propuesta, absolutamente conveniente y viable en su contenido. Tener conciencia de los metaprogramas y de los de aquellos con quienes se negocia, brinda mayor eficiencia.

Detectar y usar los modos dominantes de percibir y procesar la información por parte de la otra persona, puede llevar un esfuerzo extra, pero en el largo plazo mejorará los resultados de la comunicación, la relación de trabajo y, por ende, las negociaciones. La otra parte además le agradecerá, consciente o inconscientemente, el esfuerzo de presentar las ideas teniendo en cuenta su contexto y sus referentes.

¿Cada individuo es un mundo?

Sí, así es, y los metaprogramas tienen singularidades de persona a persona; sin embargo, también pueden hacerse generalizaciones con ellos y agrupar a todas las personas que evidencian un estilo parecido de procesar la información y el conocimiento en grupos, que el marketing de hoy llama segmentos o públicos.

Formas de clasificar (segmentar) a las personas existen desde hace muchísimo tiempo. Algunas de las más populares, como por ejemplo el zodíaco, relacionan los comportamientos, estrategias, motivaciones y aun la personalidad e identidad, con la influencia de los astros del signo bajo el que se ha nacido y divide a los seres humanos en 12 grupos, cada uno regido por un signo.

Otras formas antiguas como el enagrama, influido por la búsqueda de Dios, establece una relación con los pecados capitales y clasifica a las personas en nueve tipos diferentes (enagrama: *ennea* = nueve: *grama* = punto o letra).

Hipócrates clasificó a los humanos en cuatro grupos (sanguíneo, melancólico, colérico y flemático) basado en varios fluidos corporales (sangre, bilis negra, bilis y mucus) que durante mucho tiempo fueron importantes indicadores, no sólo de tipos de personalidad, sino vaticinadores de ciertas enfermedades físicas.

De ahí en adelante se han creado seguramente decenas de formas de clasificar los seres, algunas de ellas muy conocidas en el terreno de las empresas como el *Myers-Briggs,* que toma como base una clasificación previa perteneciente a Cari Jung, pero todas orientadas al mismo objetivo: prever, con el mínimo error posible comportamientos, conductas, reacciones, respuestas y hasta probables patologías.

Dentro de lo efectivo, lo más práctico

De toda esta variedad de clasificaciones, aceptando que todas son una forma de representar la realidad y no la realidad misma, puede establecerse también que unas son más prácticas y útiles que otras, para determinados fines.

Uno de los relatos del profesor Roger Fisher, su historia acerca de la clasificación de las serpientes, dice que una forma muy precisa de clasificarlas es por su tamaño (por ejemplo, las que miden más de un metro y las que miden menos de un metro). Existe otra forma de clasificar las serpientes y es entre las que son venenosas y las que no lo son. Esta forma no es tan precisa como la anterior, pues hay algunas serpientes que son poco venenosas, otras medianamente venenosas y algunas muy venenosas, pero es muchísimo más práctica, si se está frente a un ofidio, que la anterior.

Una nota de advertencia

A continuación va a desarrollarse una de las formas de clasificar y a presentarse sumariamente otras.

La que va a desarrollarse adolece de las mismas virtudes y limitaciones que las demás. Es sólo un esfuerzo por simplificar el mundo para operar en forma práctica. No pretende ser la verdad, ni la realidad, ni siquiera la más precisa de todas las clasificaciones (más de un metro o menos de un metro), pero es práctica (venenosas y no venenosas) y fácil de aplicar al momento de obtener resultados en las negociaciones con clientes o en el terreno del manejo de las relaciones interpersonales en general.

Se busca exponer una forma simple de clasificar, basada en sencillos elementos de detección para sí y para los demás y que de alguna manera ofrezca algunas guías o referencias sobre cómo utilizar las predicciones que se hagan, en el camino de conseguir los objetivos en las negociaciones en las que se participa.

Clasificar a una persona o a sí mismo en un segmento u otro de cualquier categorización no implica ningún juicio de valor u opinión acerca de lo que es correcto o incorrecto *per se*. Lo máximo que puede hacerse es reflexionar si un hábito o patrón propio o de otras personas es el más adecuado en una situación o contexto determinado.

En este sentido, la flexibilidad es el valor de mayor utilidad, es decir, la habilidad para utilizar, sobre una base metodológica firme, distintas formas de comportarse ante situaciones y personas diferentes. Recordemos que: «En cualquier sistema (de máquinas o humano), si las otras cosas permanecen igual, el individuo (máquina o humano) con el más amplio rango de respuesta, controlará el sistema». (Ley de la variedad requerida).

Como tantas otras cosas de la vida y a diferencia de la clasificación astrológica, muchos de los metaprogramas a los que se hará referencia, son contextuales. Extrapolar a la ligera las previsiones hechas en un contexto (el trabajo, por ejemplo) a otros (familia, diversiones, amistades, por ejemplo), puede conducir a errores. Esto no descarta que existen personas con metaprogramas trascontextuales, es decir, que evidencian las mismas tendencias y formas de procesar o responder, cualquiera sea el contexto donde se encuentren.

¿Qué motiva más: el poder, la afiliación o los logros?

Algunas personas están básicamente motivadas por los aspectos de la vida relacionados con la afiliación, es decir, que lo que genéricamente (aunque no exclusivamente) los motiva o les interesa es lo relacionado con:

- Participar en equipo, trabajar con gente.
- Desarrollar buenas relaciones interpersonales, agradar, ser aceptado.
- Comunicarse con calidez.
- Minimizar conflictos, llevarse bien.
- Atender y comprender las necesidades y los sentimientos de los demás.

Otras personas están básicamente motivadas u orientadas hacia los logros, es decir, que lo que genéricamente los motiva o les interesa es lo relacionado con:

- Competir contra desafíos o estándares.
- Lograr altos niveles de realización personal.
- Alcanzar objetivos a largo plazo (éxito en la vida).
- Desarrollar ideas nuevas y aplicaciones originales.
- Tomar riesgos calculados con planes de contingencia.
- Responsabilizarse por sus éxitos y fracasos.

Por último, otras personas están orientadas al poder, es decir, que lo que genéricamente los motiva o les interesa es lo que puede brindarles la oportunidad de:

- Adquirir reputación, status, posición.
- Demostrar dominio, liderar procesos.

- ◆ Influir en otros, hacer que sigan sus directrices.

- ◆ Dirigir, supervisar, controlar, enseñar.

- ◆ Evitar demostrar debilidad.

- ◆ Competir.

Los efectos prácticos

La aceptación de una opción desarrollada por alguno de los participantes de una negociación, no sólo depende del contenido de la propuesta sino de la forma o proceso con la que se realiza. Por otro lado, como se mencionó, en innumerables ocasiones, propuestas muy buenas en su contenido no son aceptadas por haber sido presentadas de forma equivocada.

Como puede preverse, las acciones a tomar, así como la forma de presentar una misma idea (por ejemplo, una opción o propuesta) cuando se negocia con personas con diferentes metaprogramas, deben ser diferentes o mostrar diversos aspectos o facetas, si se desea despertar interés en el interlocutor.

Difícilmente los mismos argumentos que convencerían de la importancia de una opción a alguien orientado a la afiliación, lo harían con alguien orientado al poder o a los logros.

Algunas recomendaciones útiles

a. Acciones que se deben tomar con personas orientadas a la afiliación.

- ◆ Reconocer y resaltar las contribuciones para el grupo de cualquier idea o acuerdo.

- ◆ Reconocer la importancia de las interacciones sociales y los efectos sociales de las propuestas.

- ◆ Valorar la importancia de suavizar o evitar conflictos potenciales.

- ◆ Destacar el efecto que causarán en los demás las decisiones a tomar.

b. Acciones que se deben tomar con personas orientadas a los logros.

- ◆ Crear un ambiente propicio para generar ideas y proyectos desafiantes.

- ◆ Estimular el pensamiento innovador y la iniciativa.

- Destacar la importancia de la exactitud, la planificación, la eficacia y eficiencia de una propuesta.

- Buscar su participación en la determinación de objetivos, metas y fechas.

- Destacar la importancia sobre la realización personal y los logros de determinadas ideas, propuestas o acuerdos.

c. Acciones que se deben tomar con personas orientadas al poder.

- Reconocer su status, jerarquía, posición o autoridad.

- Pedirles consejo, reconocerlos (en especial públicamente), darles crédito.

- Proveerlos de símbolos de autoridad.

- Resaltar el efecto que sobre su status y poder tiene la aceptación de una idea o propuesta, que si es posible, deberá acreditárseles.

Una nota de aplicación

No es necesario más que un mínimo de observación y una pizca de intuición para segmentar con esta herramienta (afiliación, poder, logros) a la gran mayoría de la gente que se conoce.

Es probable que alguna vez haya dificultad para categorizar a alguien y eso es razonable. Todas las personas son una mezcla variable de los tres aspectos y algunas veces, dos de ellos (o los tres), se combinan o se entremezclan de forma que no es posible ponderar uno más que otro. Aun en estas circunstancias, no deja de ser práctico conocer ese hecho.

En el otro extremo, también hay personas que podrían ser nombradas representantes máximos de una categoría, por cuanto muestran de manera prototípica los rasgos más salientes del segmento o grupo.

La mayoría, sin embargo, serán relativamente sencillos de categorizar, debido a que mostrarán un rasgo predominante lo suficientemente claro como para realizar una buena aproximación a su forma de ver el mundo, el cual puede ser útil a la hora de negociar.

El caso de Pedro

Una empresa familiar dedicada a la venta de sistemas de seguridad, que ofrecía desde equipos electrónicos hasta servicios personales de vigilancia, estaba siendo asesorada en la negociación de su primer cambio generacional entre el padre de familia -a punto de retirarse- y sus hijos, varios de los cuales desempeñaban distintos cargos dentro de la organización.

La empresa estaba ubicada en una vieja casona reciclada del centro de la ciudad, construida a principios de siglo, una de cuyas características arquitectónicas -habitual para aquella época- era el tamaño y la altura de las habitaciones.

Con el fin de reducir esos enormes espacios, las soluciones más frecuentes eran la construcción de un entrepiso si la altura era suficiente o, en su defecto, la colocación de un techo liviano, más bajo que el original.

La oficina de uno de los hijos del dueño, primogénito y gerente general de la empresa, no sólo era un ejemplo de creatividad en el manejo de espacios, sino una clara expresión de uno de los metaprogramas más sobresalientes de quien allí trabajaba. En lugar de bajar el techo, el gerente general había hecho subir parte del piso de la habitación, sector al que se accedía por una escalera en semicírculo, alfombrada de rojo y en el que estaban ubicados, además de otros muebles y equipos de oficina, un escritorio antiguo y un equipo de sonido.

Si las puertas estaban abiertas y el gerente en su oficina, era frecuente verlo trabajando con los talones de sus pies apoyados sobre el escritorio, ante lo cual los funcionarios expresaban al pasar: «Ahí está Pedro en su trono».

No percibir una posible orientación al poder de Pedro exigía, en aquellas circunstancias, un esfuerzo voluntario por no ver.

La respuesta a las acciones que se emprenden es la que ratifica si se está en lo cierto o no, cuando se incluye a alguien en un segmento. No obtener la respuesta esperada debe llevar a revisar la forma del mensaje emitido o de la categorización realizada, en lugar de interpretarla como obstinación o terquedad de la otra parte.

¿Y esto será suficiente?

¿Será suficiente o conveniente a la hora de negociar, usar sólo una forma de clasificar?

Seguramente no. Aunque es de mucha utilidad usar la información de esta clasificación durante la preparación y la negociación, es probable que no alcance para crear un mapa (una representación) aceptable de la compleja realidad del ser humano. Muchas veces, las decisiones propias y las de los demás están influidas por varios metaprogramas que se entremezclan y relacionan.

Más allá de si alguien se comporta como una persona orientada a los logros, al poder o a la afiliación, hay que preguntarse también si se trata de alguien básicamente:

+ **¿Generalista** o **detallista?**

+ **¿Secuencial** o **aleatorio?**

+ ¿Orientado al **pasado**, al **presente** o al **futuro?**

+ **¿Impulsivo, analítico** o **afectivo?**

+ **¿Soñador** (primer adoptador), **realista** (espera y valora resultados) o **crítico** (último adoptador)?

+ ¿Preferentemente **visual, auditivo** o **Kinestésico** para recibir y procesar la información? ¿Cree más en lo que ve, en lo que le dicen, o en lo que él experimenta?

+ **¿Evita problemas** (necesita seguridad, antecedentes, valora la precaución, la prudencia) o **busca oportunidades** (posibilidades, asumir riesgos)?

+ ¿Se preocupa más de los **costos** de una operación o de los **beneficios** que puede obtener?

+ **¿Igualador** (descubre mejor las similitudes y analogías) o **diferenciador** (percibe más lo diferente de las ideas y las cosas)?

+ ¿Toma en cuenta para saber que algo está correcto sus sensaciones **interiores, la opinión de otros, los datos estadísticos**, etcétera?

Crear una lista de criterios de clasificación

La lista podría ser mucho más larga. Si se agregan más formas complementarias de segmentar para conocer, puede crearse una representación realmente útil para detectar y solucionar algunas de las diferencias que no dependen de cuestiones de contenido, sino de proceso.

Cada quien puede crear su propia lista de criterios para aplicar, y al combinar varios de los criterios de clasificación, crear un perfil personal de sí mismo y de sus interlocutores como el que se sugiere en el anexo 1.

Algunas recomendaciones en ese sentido son:

+ Utilizar sólo los criterios que sean útiles y prácticos para los objetivos propuestos.

- Buscar las formas sencillas, de fácil y rápida aplicación, que permitan usarlas aun en circunstancias donde no hay demasiado tiempo para observar o donde no es posible pedirle a alguien que llene el cuestionario de un complejo test.

- Tomar como base las características de segmentación que resulten más fáciles de detectar y luego agregar otras, de manera paulatina, buscando observar y recoger en cada negociación la información que oriente al nuevo patrón de clasificación.

- En algunos casos, cuando resulte difícil detectar patrones en uno o más negociadores, hay que preguntarles directamente cómo les gustaría que la información les fuera presentada. Muchas veces la forma directa puede ser suficiente para obtener lo que se necesita.

- En otros casos, hay que usar el método de ensayo y error hasta encontrar la forma más adecuada de hacerlo.

¡Persuadir! Al final, de eso trata el asunto

Persuadir tiene mucha relación no sólo con el contenido de lo que se está negociando, sino con entender cómo funcionan las personas involucradas en una negociación, de qué manera reciben y comprenden mejor la información, cuáles son las cosas que básicamente les interesan y cuáles son sus formas de filtrar la realidad e interpretarla, para así crear una propuesta atractiva o como mínimo entendible y tolerable.

Una reflexión rápida

- Si una persona se considera básicamente generalista, ¿cómo se siente cuando alguien muy detallista le cuenta con toda precisión, punto por punto, palabra por palabra, en forma secuencial y ordenada, cualquier idea, sugerencia o relato?

- Si una persona se considera básicamente detallista, ¿se dejaría persuadir por alguien que le da sólo una visión general de la situación y, aleatoriamente, salta de un concepto a otro, a veces sin acabar las frases o las ideas?

Un ejemplo clarificador

Un ejemplo reciente y típico de lo que se está hablando, sucedió con un empresario a quien se le estaba ayudando, en un pequeño retiro fuera de la ciudad, a preparar con parte de su equipo, una compleja negociación sobre el cambio de sistema de administración en todas las sucursales de su organización, a realizarse próximamente con la empresa proveedora del sistema. Finalizada esta tarea, la consulta se centró en un problema relacionado con su asistente técnico, quien no había sido invitado a participar; se trataba de una señora altamente capacitada y confiable, pero con quien tenía dificultades en casi todas las reuniones, desde su contratación unos seis meses atrás.

—Hay momentos en que me resulta intolerable y enervante conversar con ella. No sé qué es lo que le pasa, pues tiene las mejores credenciales, y no es que estemos en desacuerdo en las decisiones estratégicas, ni que esté inconforme con la calidad de su trabajo, al contrario, su trabajo es de alta calidad. Realmente no quisiera sustituirla; sin embargo, algo no funciona, parece que habláramos en diferentes idiomas. Creo que es una cuestión de química —decía, mientras nos dirigíamos a la oficina central donde se encontraba el escritorio de su asistente.

Después de trabajar con él durante varios días, conocí algunos de sus metaprogramas. Uno de los más destacables y del que incluso por sus propios comentarios, se sentía orgulloso, era su simultaneidad. Ciertamente, cuando trabajaba, era capaz de atender al mismo tiempo diferentes asuntos y personas, lo que hacía de forma dispersa, moviéndose de uno a otro sin orden alguno.

Llegar a la oficina y saludar a su asistente técnico fue suficiente para descubrir al menos una de las razones de la «mala química» entre ambos. Su asistente trabajaba en un espacio semiabierto, cercano a su oficina y cuando entramos se encontraba hablando por teléfono. Aunque nos vio llegar y la saludamos, no hizo el más mínimo gesto y continuó con su conversación telefónica. Cuando terminó, se levantó de su asiento para saludarnos con mucha amabilidad, ofreció disculpas por no haber podido saludar antes, debido a que se encontraba ocupada.

—Tengo la impresión -le dije a mi cliente- de que ya poseo una idea acerca de una posible causa del problema que me plantea. Pienso, sin temor a equivocarme, que su asistente es una persona altamente secuencial y sucesiva en su forma de trabajar, que seguramente necesita que las cosas que se le solicitan sean presentadas con un orden y paso a paso. Seguramente no comienza una nueva actividad hasta que termina totalmente la anterior y, cuando alguien le llega de improviso con tres o cuatro tareas -que le entrega casi al unísono y las que a su vez describe parcialmente, saltando de una a otra- se molesta y da la sensación de que no comprende, o lo que es peor, que no está de acuerdo.

—Así es, me respondió; pero, ¿cómo supo eso?

—¿Qué hubiera hecho usted cuando entramos, si estuviera en el lugar de su asistente, hablando por teléfono mientras lo saludábamos?

—Ah, me dice, hubiera saludado y les habría ofrecido sentarse o pasar a la sala y hasta tomar un cafecito, todo gestualmente; si no me hubieran entendido, habría tapado la bocina del teléfono y les habría dicho, «en un segundo estoy con ustedes, etc., etc.»; luego retomaría la conversación sin mayor problema.

—¿Cómo consideró entonces la actitud de su asistente cuando entramos?

—Bueno, me dijo, en aquel momento me pareció descortés, ahora creo que entiendo lo que me quiere decir, y pasó a confirmar con varias anécdotas el diagnóstico primario que había realizado.

Por último conversamos sobre algunas recomendaciones acerca de cómo presentar temas, solicitar trabajos o simplemente comunicarse con su asistente para obtener mejores resultados y cómo complementarse para formar un mejor equipo, trasformando un problema en una oportunidad.

Poco tiempo después, no sólo me comentaba los excelentes resultados obtenidos en la relación de trabajo con su asistente, sino su interés por conocer más del tema, puesto que con esta técnica había descubierto junto con su esposa, caminos para la solución de algunas de sus dificultades matrimoniales.

Si bien la mayoría de las veces no se tiene la necesidad de hacer un diagnóstico de un metaprograma o incluir a alguien en una categoría por un solo acto, como en el ejemplo, a veces es todo lo que se tiene.

En condiciones normales, varias de las categorías antes mencionadas pueden ayudar a realizar un mapa más completo de las personas con quienes se está negociando, además de un mapa personal, que ayudará a encontrar el camino para diseñar propuestas más ajustadas en contenido y en forma a los intereses generales y, sobre todo a la manera de procesar y de ver el mundo de los otros interlocutores de la negociación.

Diseñar un mapa de los metaprogramas de cada uno de los integrantes de una negociación influye en la eficiencia con la que van a manejarse los otros elementos de la negociación, además que:

◆ Mejora la comunicación entre las partes, pues orienta en el tipo de lenguaje y las palabras que deben usarse, así como en el tono, el volumen o la velocidad de la conversación y en todos los elementos de la comunicación no verbal imaginables, desde el lugar donde se va a negociar, hasta la forma adecuada de vestir.

- Facilita el descubrimiento de intereses específicos propios y de la contraparte al brindar una guía global del proceso.

- Vuelve eficiente la creación de opciones de acuerdo y, sobre todo, la manera de presentarlas para lograr una mejor comprensión y una eventual aceptación, además de generar más valor agregado en las ideas.

- Orienta la búsqueda y selección de los criterios objetivos que van a usarse, para que sean realmente persuasivos de la legitimidad de las propuestas.

Mapa de criterios de clasificación

Nombre ————————————————————————————— Fecha —————————

Contexto ——

Criterios sobresalientes: _____

	0	1	2	3
Afiliación				
Poder				
Logros				
Generalista				
Detallista				
Secuencial				
Aleatorio				
Pasado				
Presente				
Futuro				
Soñador				
Realista				
Crítico				
Visual				
Auditivo				
Kinestésico				
Busca objetivos				
Evita problemas				
Costos				
Beneficios				
Igualador				
Diferenciador				
Él mismo				
Otros				
Estadísticas				
————				
————				
————				
————				

Nota: La escala del 0 al 3 identifica el grado de intensidad con el que cada metaprograma se manifiesta. (0 significa que no puede identificarse ese metaprograma).

◆ Ayuda a descubrir y a calibrar el valor de las opciones propias y a descubrir posibles argumentos para disminuir las alternativas de la otra parte.

◆ Permite redactar compromisos inteligentes, entendibles, claros, funcionales y operativos.

◆ Influye en la habilidad de crear y desarrollar buenas relaciones de trabajo, confianza y credibilidad y, en negociaciones difíciles de múltiples partes, ayuda a comprender más y mejor el complejo tejido de interrelaciones, así como a manejar adecuadamente posibles alianzas y coaliciones.

Conoce al enemigo y conócete a ti mismo y, en cien batallas, no correrás jamás el más mínimo peligro. Cuando no conozcas bien al enemigo, pero te conozcas a ti mismo, las probabilidades de victoria o de derrota serán iguales. Si a un tiempo ignoras todo del enemigo y de ti mismo, es seguro que estarás en peligro.

SunTzu

Capítulo 3

La estrategia del vencido

Una herramienta para desarmar el enojo y la agresividad verbal

¿La vida es una guerra?

Era mediodía, tenía hambre y salí a comprar algo para almorzar. El pequeño supermercado cercano a mi oficina estaría bien para una vianda ligera. Al pasar por la frutería me tentaron unas manzanas y, como siempre hago, decidí apretar una para ver si eran de la consistencia que me gusta. No quedé satisfecho ni tampoco muy desagradado con la prueba y opté por postergar mi decisión. Entré al supermercado, compré el almuerzo y al llegar a la caja para pagar, vi al vendedor de frutas que me esperaba claramente molesto, con una manzana en la mano.

—¿Usted entró y apretó una manzana?, preguntó en tono severo y evidentemente enojado.

—Sí, así es, le respondí.

—Mire lo que hizo.

La manzana tenía una pequeña depresión y seguramente también mi huella digital.

—Si todos los que entran al supermercado hicieran esto, ¿usted se imagina como dejarían las manzanas? Ésta ya no la puedo vender. ¿Qué le parece?

—Tiene razón, le dije en forma afable. Véndame la manzana.

La primera reacción fue de sorpresa. Por unos instantes no supo qué hacer y luego me dijo, cambiando de tono: —No, no es para vendérsela que se lo estoy diciendo: es sólo para explicarle la situación.

—Entiendo lo que dice, respondí, y tiene razón. Le ruego me venda la manzana.

—No, no quiero vendérsela- insistió y salió del supermercado. Pagué la cuenta y salí.

De nuevo insistí, esta vez diciendo: véndame una manzana, por favor.

—No, no era mi intención, dijo el vendedor, ahora en un tono cordial. Yo sólo quería...

—Ya lo sé, pero, ¿acaso no va a venderme una manzana? Quiero una.

—Está bien, dijo, se la regalo. Puso la manzana en una bolsa, me la obsequió y me extendió la mano.

Nos despedimos, le di las gracias y me retiré decidido a escribir este capítulo.

La estrategia del vencido

> *Por lo menos yo he encontrado aquí una nueva y más profunda comprensión de una máxima evangélica maravillosamente bella y frecuentemente mal interpretada, que hasta entonces había despertado en mí una contradicción de sentimientos: a quien te hiere en una mejilla preséntale la otra.*

> *Un lobo me ha enseñado: debes ofrecer la otra mejilla a tu enemigo no para que te vuelva a herir, sino para hacerle imposible que pueda continuar haciendo daño.*

> Konrad Lorenz. Premio Nobel de Medicina 1973.

El profesor Rodolfo Tálice, eminente científico uruguayo, con más de 30 libros publicados, 16 de ellos sobre etología, aclara que lobos, perros, pavos, monos y casi todas las especies de animales utilizan para contener el ataque de oponentes más poderosos la llamada estrategia del vencido. Un pequeño gesto, a veces exponer el cuello, otras bajar la cabeza, otras bajar la cola y tal vez algún olor imperceptible a los humanos, obra de disparador automático de este mecanismo. Tálice cuenta que, por ejemplo, cuando dos lobos luchan para conquistar o defender su status en el grupo y uno de ellos intuye una derrota mortal, expone su cuello a su adversario. Este comportamiento, lejos de provocar el ataque del más fuerte, lo obliga a detener la lucha.

La pregunta clave y tal vez de difícil respuesta es: a pesar de la apariencia, ¿cuál de los dos contendientes asumió el liderazgo y controló la desesperada situación?

Es lo paradójico del comportamiento, base de esta estrategia, lo que provoca inicialmente la confusión y luego una reacción inesperada dadas las circunstancias: que aquel que tiene el poder sobre la vida y la muerte se detenga.

Basado en estos hechos Lorenz hace su ingeniosa reflexión acerca del real significado del pasaje bíblico:

> *Oísteis que fue dicho: ojo por ojo, y diente por diente.*
> *Pero yo os digo: no os resistáis al que es malo. Antes, a cualquiera*
> *que te hiera en la mejilla derecha, vuélvele también la otra: y al que*
> *quiera ponerte a pleito y quitarte la túnica, déjale también la capa.*
> *Y a cualquiera que te obligue a llevar carga por una milla.*
> *ve con él dos.*
>
> Mateo 5: 38-41

Este comportamiento parece estar incorporado a la genética de muchos animales y el resultado de la estrategia es casi infalible en 100% de los casos, en condiciones naturales. Por condiciones naturales se entiende la vida desarrollada en su **hábitat** natural, puesto que, por ejemplo, cuando los conejos viven en cautiverio son capaces de luchar hasta matarse.

El ser humano, a diferencia de estos animales, no parece tener el mecanismo del gatillo incorporado genéticamente. Es capaz de mostrar, aun en condiciones de rendición del adversario, emociones y comportamientos de escalada en el enojo, como son la saña o el sadismo. Basta pensar en las calamidades de la Segunda Guerra Mundial para asegurarlo. No obstante, esta aclaración sirve para reconocer que aplicar la estrategia no será, como en los animales inferiores, una garantía segura de éxito en todos los casos; sin embargo, es importante rescatar su valor para desarmar la agresividad verbal de los conflictos humanos, desde los cotidianos hasta los más complejos.

La estrategia en acción

Si bien Cristo parece haberle dado una forma de enseñanza a esta estrategia, es posible que haya sido usada de manera intuitiva antes, y seguramente lo ha sido después.

Ella puede reconocerse en la base de los movimientos y las conductas de los líderes que han usado y recomendado la resistencia pasiva para imponerse, como por ejemplo Gandhi.

¿Qué ha detenido, en estos casos, a poderosos adversarios frente a gente indefensa? Sin duda, el desvalimiento explícito es aquí la fuente de poder. También las empresas y sindicatos conocen la fuerza del desamparo.

El comportamiento paradójico del trabajo a reglamento, es decir, trabajar cumpliendo estricta y sumisamente, sin oponer resistencia aparente, lo que los manuales y reglamentos de la organización indican, contiene en su base esta estrategia como mecanismo de liderazgo y control de la situación por parte de quienes no detentan poder.

¿Qué decir de algunas empresas japonesas donde los obreros en huelga lo que hacen es producir más, o de la huelga de hambre como mecanismo de obtener lo que se quiere desde una posición de extrema debilidad?

Lo que parece funcionar en grandes movimientos humanos y organizaciones, también funciona en la vida cotidiana. Qué sucede en una casa cuando ante el enojo por un florero roto aparece el autor, un niño de pocos años, con una pelota debajo del brazo, que baja la cabeza y dice: —Papá, fui yo, discúlpame. No es poco frecuente que la respuesta en este caso sea un elogio a la valentía y a la honestidad de reconocerlo, en lugar de un castigo.

¿Cuántas veces el mero hecho de un gesto de disculpa por una mala maniobra de tránsito, desarma instantáneamente al enojado conductor del otro vehículo? ¿Dónde podría terminar una escena como ésta, de no mediar ese pequeño gesto (expresión de una refinada estrategia)?

La respuesta es conocida por todos.

Las bases psicológicas

Según los expertos, el ser humano no parece tener incorporado genéticamente este mecanismo de sobrevivencia, prueba de lo cual es este artículo, cuyo objetivo es sugerir su uso más frecuente.

Sin embargo, la mayoría de las personas incorpora, en los primeros años de su vida, en mayor o menor grado, esta estrategia de control de los más fuertes y poderosos. Bajar la cabeza como hacen algunos animales, es un gesto familiar para los seres humanos, si se recuerda la actitud de los niños cuando son reprendidos por una falta.

Bajo la forma de claras reglas de buena educación y urbanidad, como por ejemplo, ceder el asiento en un trasporte público a una persona anciana, lisiada o embarazada, se nos ha enseñado a no tomar ventaja del desvalido. Normas morales emanadas de actitudes de héroes («Clemencia para los vencidos», José Artigas, Batalla de Las Piedras, 18 de Mayo de 1811) trasmiten lo mismo.

Otras veces, de forma encubierta, padres, madres u otras personas manipulan y a veces tiranizan desde el papel de víctima, al darse cuenta intuitivamente que su aparente desvalimiento es más poderoso que sus gritos o amenazas de castigo para detener una conducta no deseada.

A la mayoría de las personas esta programación les impide sentir placer de agredir, de ganarle o estar en situación ventajosa frente a alguien indefenso o desvalido. Al contrario, la mayoría sentiría culpa o remordimiento y difícilmente alguien podría sentirse ganador en esas circunstancias.

Simetría y complementariedad

Estos conceptos fueron introducidos originalmente por Bateson en 1935, quien básicamente establece que las interrelaciones entre dos individuos (o incluso entre dos naciones), pueden ser simétricas o complementarias.

Simétrica es la relación basada en la igualdad, donde el comportamiento de cada uno de los interlocutores es como la imagen especular del otro.

Complementaria es la relación basada en la diferencia, donde el comportamiento de cada uno de los interlocutores es diferente. En este caso, existen dos posiciones llamadas superior o uno arriba e inferior o uno abajo.

Ninguno de los tipos de interrelación tiene una connotación positiva o negativa, buena o mala, poderosa o débil *per se,* o resulta adecuada o inadecuada en una situación particular.

Una interrelación simétrica puede ser adecuada si lo que las dos personas hacen, por ejemplo, es manifestar el afecto, el aprecio o el reconocimiento que cada uno tiene por el otro. El aspecto negativo de la simetría se ve en las llamadas escaladas simétricas, donde al insulto o la agresión de una de las partes, sigue un insulto o agresión mayor de la otra, o a la carrera armamentista de una nación, sigue la de su adversaria.

De igual manera, una relación complementaria puede ser adecuada y absolutamente común, como la que tiene una madre con su pequeño bebé o un maestro con su alumno. El aspecto negativo de la complementariedad es la cristalización; por ejemplo, cuando la madre es incapaz de reconocer que su hijo ha crecido lo suficiente para tener, en muchos aspectos de la vida, una relación de igualdad (simétrica).

La solución a muchos de los problemas de interrelación en negociaciones y en la vida cotidiana, pueden venir de aplicar la simple regla de introducir simetría en la complementariedad y complementariedad en la simetría.

Evidentemente, la estrategia del vencido está basada en la introducción de complementariedad en situaciones de simetría o escalada simétrica. Quien la usa, asume una posición de inferioridad o uno abajo, que nada tiene que ver con los conceptos de debilidad o fortaleza, adecuación o inadecuación, bueno o malo, ni define quién eventualmente tiene la razón.

Una guía práctica

> *«Los que son expertos en el arte de la guerra, someten al enemigo*
> *sin combate,,,».*
>
> *«La certeza de tomar lo que atacan, significa atacar un punto que el*
> *enemigo no protege».*
>
> Sun Tzu. Siglo IV a. C.

Cuatro siglos a. C, este general chino innovó la forma de ver los enfrentamientos armados, por cuanto no reconoció en el exterminio de las grandes batallas la máxima expresión de la estrategia, sino al contrario, en formas paradójicas de actuar resumidas en la primera cita: «Someter sin combatir». Salvando las distancias y los contextos, lo paradójico de la estrategia del vencido es el corazón de su poder.

Primero lo primero: definir el objetivo

Como en otras situaciones de la vida, ante una agresión verbal (ideas), las personas de éxito saben distinguir qué es lo relevante de la situación para centrar ahí sus esfuerzos.

A menudo, aquellos que son agredidos verbalmente prestan atención al contenido de la agresión para tratar de contraargumentar, lo que representa un error estratégico: «Atacar donde el enemigo se defiende». Frecuentemente, esa contraargumentación es percibida por el oponente como un contraataque, lo que crea un circuito de escalada en el conflicto.

Quien actúa de esta manera, atiza el conflicto y pierde de vista lo relevante de la situación: manejar la emoción, el enojo de la otra persona. Si no se desarma el enojo, difícilmente puede discutirse el contenido.

Atacar donde no se defiende

Quien agrede verbalmente, con frecuencia espera que el atacado se defienda contraatacando el contenido. Lo que no espera, es que, paradójicamente, no lo haga.

Tal como le debe haber sucedido otras veces, lo que muy probablemente mi amigo el frutero de la esquina esperaba que yo dijese, podría ser algo como:

—Yo no fui, la toqué, pero no la apreté. ¿Cómo sabe que esa es la manzana que toqué? Escuche, si no fue nada. Qué importancia tiene, usted de todas formas va a vendérsela a alguien. Ponga la magulladura para abajo y ya está, o cualquier otro contraargumento. No es necesario explicar qué hubiera sucedido entonces.

Al contrario, lo que cambió la situación fue que, como en el judo o en el aikido, yo me alineé con su energía para cambiarla de dirección.

—Usted tiene razón, dije y, al igual que cuando un lobo expone el cuello al otro, me parecía inicialmente ver confusión en su rostro y luego, al final, la simpatía por mi gesto. Evidentemente no estaba preparado para esto. Al igual que las artes marciales orientales, es la aparente paradoja encerrada en las acciones lo que asombra y ahí también radica su poder.

En resumen, si en el transcurso de una negociación sucede una situación donde la escalada simétrica es una posibilidad más que cierta, la recomendación es no insistir en el motivo de la discordia, salir del círculo y buscar restablecer una adecuada comunicación y relación de trabajo, para luego volver a entrar en los elementos de la esencia (intereses, opciones, criterios de legitimidad).

En muchos de estos casos, la estrategia del vencido será una herramienta útil para lograr este objetivo en la negociación.

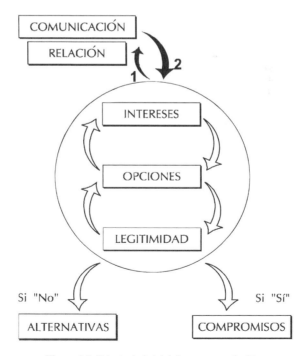

Figura 3-1. Estrategia inicial de una negociación.

Algunas recomendaciones finales

Cuando se está seguro de que lo que el enojado interlocutor está diciendo es cierto, las palabras mágicas son: — «Tiene razón».

En otros casos, donde no se está seguro de que es así, expresiones como: — «Es probable que tenga razón», — «Puede ser que usted esté en lo cierto», — «Tal vez tiene razón», si son expresadas adecuadamente, pueden tener el mismo efecto y al mismo tiempo dejar la puerta abierta a otras posibilidades.

La expresión «Es probable que usted tenga razón», incluye muchas otras opciones de ver el mismo hecho, así como la posibilidad de su opuesto (es probable que esté equivocado).

Una condición que lleva al éxito en estos casos es la sinceridad con la que estas frases son expresadas. Dichas con ironía, con sarcasmo, o sólo de forma incongruente, no son parte de esta estrategia y no funcionan.

¿Cómo resolver entonces las situaciones en que sinceramente no es posible alinearse con nada de lo que el oponente dice y se considera injustificada su crítica o agresión?

Esta situación a diario se da en la sección de reclamos de los comercios: una señora que dos días antes compró un electrodoméstico concurre al mostrador; está muy enojada y critica el aparato (porque no le funciona), la tienda y hasta al tendero. No dice con claridad qué pasó, sólo que está roto, golpea el mostrador, alza la voz y exige además la devolución de su dinero.

Si se está en el lugar del empleado del comercio, sin más información, es muy difícil estar de acuerdo sinceramente con el contenido de la queja y decirle al cliente que tiene razón. En este caso, se sugiere que si no es posible alinearse con lo que el otro dice, hay que hacerlo con la emoción.

Siempre se estará en lo cierto si se dice algo como: — «Mire, comprendo lo que siente, si yo hubiera comprado un electrodoméstico que necesito y a los dos días no me funciona, me sentiría como usted» (lo que no implica que tal vez actuaría de otro modo). De forma simplificada es como decir: — Si yo estuviera en su lugar me sentiría como usted». Una versión más segura por su absoluta certeza teórica es: — «Si yo fuera usted, seguramente me sentiría igual» (y esto no hay quien lo niegue).

ACOMPASAR - ALINEAR: - «Comprendo lo que siente».

LIDERAR - REDIRECCIONAR: - «Veamos qué puedo hacer por usted».

Ninguna de estas expresiones dice nada sobre la aceptación del reclamo o la propuesta inicial del cliente, ni incluye tampoco concesión alguna.

Simplemente, permite desarmar el enojo para empezar a dialogar, acompasar para liderar. Buscan retomar una adecuada comunicación y relación que permita discutir asertivamente temas de la esencia (intereses, opciones y criterios de legitimidad).

Una pregunta frecuente en estos casos es: ¿Qué hacer cuando la persona está tan enojada que no da espacio para decirle algo?

La sugerencia es: «dejar salir algo de presión de la olla antes de abrirla», es decir, permitir que el otro se descargue un poco y alcance la calma. Cuando lo haya hecho se puede volver a la estrategia. No olvidar que hay gente muy irascible y testaruda que necesita de varias dosis.

A veces también cabe la pregunta: ¿Y si eso tampoco da resultado?

En ese caso, hay que recurrir a una estrategia diferente.

Mucho más que un simple artilugio retórico, la estrategia del vencido es una de las más sutiles formas de poder y liderazgo. Si salva la vida de algunos animales, puede en alguna ocasión salvar la vida humana. Con menos dramatismo, si se usa sabiamente, alguna vez puede salvar una importante negociación, una empresa, un trabajo, una familia, una pareja o una amistad. Es, en resumen, una sutil forma del poder y una inmejorable herramienta para restablecer la comunicación y la relación de trabajo en las negociaciones.

> *«Hay casos en que un objetivo sólo puede ser alcanzado con la cordialidad, y no con la violencia, así a ella se recurra».*
>
> **«Calila y Dimna». Baidaba. siglo VI a. C.**

Capítulo 4

¿Entendió? ¡Nooooo!

Metamodelo lingüístico: una herramienta que ayuda a reducir malentendidos y confusiones

Seguramente, toda persona, alguna vez en una negociación ha escuchado algo parecido a:

¡Mire, yo lo único que busco es justicia!

Ahora bien, ¿cuál es la respuesta a la pregunta "qué significa justicia"?

La única respuesta válida es: ¿Para quién?

Las palabras están vacías de significado, especialmente las más abstractas. El significado de una palabra, lo que ésta representa, depende de la persona que la recibe o la que la usa, así como de la forma y el contexto donde se usa.

En la comunicación durante las negociaciones o en la vida diaria, no hay ninguna garantía de que los significados de las palabras que se usan sean los mismos para todas las personas involucradas en el proceso, máxime cuando no se trata de simples palabras sino de frases complejas. Como se comprenderá, ésta es una fuente inagotable de malentendidos, provocados muchas veces por la falsa ilusión de haber entendido.

En un país latinoamericano, varias organizaciones de mujeres señalaban que el gobierno no estaba cumpliendo la obligación que había contraído con sus organizaciones. El gobierno por su parte, aducía haber cumplido con lo prometido. Toda la discusión giraba alrededor de una frase del acuerdo que habían firmado un tiempo atrás, donde se leís claramente: el gobierno se compromete a propiciar el foro nacional de la mujer.

Vuelve aquí a ser válida la pregunta, ¿qué significa propiciar? ¿Qué se entiende por propiciar? ¿Qué entendieron las organizaciones de mujeres y qué entendió el gobierno cuando firmaron el acuerdo?

Diagnóstico: existió una falsa ilusión de haberse entendido y, como consecuencia, un compromiso poco claro que es fuente de nuevos conflictos.

Muchas negociaciones se malogran durante su desarrollo o *a posteriori* de la firma de un acuerdo, como en el caso anterior, porque sus participantes han entendido mal o han creído que todo estaba claro, cuando en realidad era sólo una ilusión.

El tema no es nuevo

Tal vez las primeras reflexiones sobre este tema en la cultura occidental, se ubican en el siglo V a.C., en la Grecia de Sócrates.

El sofista Gorgias, en ese entonces decía con mucha claridad: "El lenguaje no es la realidad. Las palabras responden a la opinión, concepto, creencia o forma de percibir la realidad del que habla y que, seguramente, difiere de la de los que escuchan. Realidad y lenguaje son dos cosas diferentes pues nada real puede convertirse en una palabra ni viceversa."

Mucho más tarde, Alfred Korzybski acuña la feliz expresión: " El mapa no es el territorio que representa" y como Gorgias, dice: " La palabra no es la cosa nombrada". La palabra manzana no es la manzana, es tan sólo su representación.

Parecido a lo que hace un computador cuando se percibe un hecho a través de los sentidos, el cerebro arma la representación de una realidad multidimensional, que abarca el espacio, el tiempo, el color, etc., y que se conoce como mapa mental.

Debido a que para su construcción ha tenido que pasar por varios filtros y procesos, dicha representación dista bastante de la realidad misma, igual que un mapa difiere del territorio que representa.

La construcción de mapas mentales

Una primera limitante en el proceso de construcción de mapas, la constituyen los sentidos, que aunque permiten captar la información de la realidad, son de por sí un filtro de ella. Aunque muy bien dotados en su conjunto, existe infinidad de elementos de la realidad que los sentidos humanos no son capaces de percibir. Por ejemplo, determinadas longitudes de ondas sonoras o de luz pasan totalmente desapercibidas para el oído o el ojo de un ser humano, que necesita valerse de instrumentos para detectarlas, cuando, en algunos casos, en las mismas circunstancias, algunos animales pueden hacerlo de forma natural; por ejemplo; el sonido de un silbato para perros.

- ◆ El ser humano usa una serie de procesos en la confección de mapas, llamados, por esa condición, procesos universales para la creación de modelos. Todas las personas eliminan cosas de la realidad, distorsionan y hacen generalizaciones.

a. Eliminación: es el proceso que permite atender selectivamente a una parte de la experiencia, bloqueando otras partes que también existen. Probablemente, hasta ahora, no tenía idea de cuánta saliva hay en su boca en este momento, o cómo están apoyados sus pies en el suelo. Sin embargo, también ahora se sabe que esa información estaba ahí, disponible, simplemente bloqueada, eliminada, porque se estaba prestando atención selectiva a la lectura.

b. Distorsión: es el proceso que permite modificar los datos en la realidad que perciben los sentidos. La fantasía, la creatividad, las novelas, las obras de muchos grandes pintores o escultores son un ejemplo de este proceso.

c. Generalización: es el proceso mediante el cual un hecho, acontecimiento o elemento (o unos pocos), es tomado como representante de la categoría total, siendo en realidad sólo un ejemplo particular.

◆ Lo interesante es que si bien todas las personas usan estos procesos, lo hacen de diferentes maneras ante las mismas circunstancias. Eliminan diferentes cosas, distorsionan diferentes elementos y hacen distintas generalizaciones de los hechos, por lo que es fácil comprender que, a partir de una misma realidad, las representaciones que distintas personas pueden tener de ella son infinitas. La educación, los mapas y los programas anteriores, la cultura en que vivimos, la familia a la que pertenecemos, nuestra formación escolar y profesional, moldean los procesos, determinan en gran medida, dentro de una realidad muy compleja, a qué cosas vamos a prestar atención, qué cosas vamos a percibir y cuáles no, de qué manera construiremos nuestras generalizaciones y la forma de distorsionar. Por ejemplo, la habilidad con que un esquimal hace distinciones, percibe sutiles diferencias entre distintos tipos de hielo, poco tiene que ver con la que tendrá alguien nacido en el Caribe. La situación se invertiría, seguramente, si se hablara de frutas. Aun quienes viven bajo la influencia de una misma cultura y de una misma familia, tienen vivencias diferentes o viven de manera particular las mismas experiencias, lo que determina una propia historia de vida y unos rasgos singulares en la forma de construir mapas y representaciones de la realidad.

La comunicación humana es un milagro

Muchos pensarán que si la comunicación humana existe, es un milagro, pues para complicar un poco más el panorama, ser y apariencia se confunden. Algo que parece o se percibe de una determinada forma se confunde con la realidad, aunque verdaderamente no lo sea.

Esto implica que todas las formas posibles de percibir el mundo son válidas, lo que hace por tanto relativas todas las cosas.

Las cosas son para mí como me parecen a mí y son para ti como te parecen a ti, puesto que eres hombre tú y hombre yo.

Platón

No obstante, la convivencia social es posible para el ser humano en función de que al pertenecer a una misma sociedad, grupo o familia, se comparten (al menos en parte) una serie de mapas, seguramente debido a que los procesos y formas de construirlos son aprendidos del propio grupo.

El poder de la palabra

La palabra tiene un enorme poder. A pesar de que su cuerpo es diminuto e invisible, lleva a cabo las más diversas empresas: es capaz en efecto de apaciguar el miedo, eliminar el dolor, producir la alegría y excitar la compasión.

Gorgias

Una de las formas más comunes e importantes de representar la realidad, de armar mapas, son las palabras. De hecho, cada palabra es un mapa y las oraciones que con ellas se construyen son sólo mapas más complejos.

Los lingüistas llaman a la forma como comúnmente se habla, estructura superficial del lenguaje, la cual proviene de las llamadas estructuras profundas del mismo, es decir, de las estructuras lingüísticas más completas y cercanas a la mejor representación que se tiene de un hecho, aunque difiera de él.

Los procesos mediante los cuales la estructura profunda cambia a estructuras superficiales se denominan trasformaciones (de ahí el nombre de gramática trasformacional).

Un esquema simple de lo expuesto es el siguiente:

Mundo real → Filtros y procesos universales → Representación original: Imágenes, sonidos. emociones. sensaciones → Representación lingüística profunda ↑ Gramática transformacional → Representación lingüística superficial

Es claro que más allá de las dificultades señaladas respecto a la construcción de los mapas, este proceso de trasformación agrega frecuentemente una complicación adicional. La forma común de expresión es, en general, una versión empobrecida y distorsionada de una representación más rica, almacenada en el cerebro.

Al momento de negociar, como en otras tantas actividades de la vida, es trascendental conocer con claridad qué es lo que la otra persona quiere decir cuando dice «x».

En algunas negociaciones es esencial tener la posibilidad de indagar para buscar el mejor mapa que la otra parte tiene de un hecho o una idea.

Es vital entonces, cada vez que sea necesario y conveniente, contar con una herramienta que permita realizar ese proceso de búsqueda sistemática de significados y representaciones más completas en las expresiones de las otras partes, y que a la vez sirva para aplicarla a nuestras propias expresiones, cuando sea conveniente hacerlo.

Una luz en el camino

Recientemente Richard Bandler y John Grinder crearon una guía de cómo funciona el lenguaje y de cómo resolver los problemas que se crean en la comunicación, cuando una representación de la realidad (las mismas palabras) significan cosas diferentes para distintas personas o cuando ante la misma realidad, distintos seres humanos crean representaciones diferentes. Esta herramienta permite descubrir nuevos datos que ayudan a crear mapas más completos, más ajustados.

Llamaron a esta guía «Metamodelo lingüístico», un modelo de modelos, un mapa acerca de cómo se utiliza el lenguaje. El metamodelo ayuda a relacionar nuevamente el lenguaje con la representación de una experiencia, a comprender el significado de lo que cada uno dice y por tanto a dar sentido a la comunicación.

John Grinder creó luego una versión simplificada que permite abordar de forma más práctica el problema de saber realmente lo que otra persona quiere decir cuando dice «x».

La versión de Grinder es una de las herramientas más sencillas y poderosas al servicio de uno de los elementos clave de la negociación: la buena comunicación.

Para comprender, base fundamental para persuadir, es necesario encontrar dentro de aquella información que se crea relevante, el significado y la riqueza perdidos en el lenguaje superficial.

El instrumento que usa el metamodelo para lograrlo es el mismo que usaba Sócrates hace aproximadamente 2500 años: la pregunta.

Qué, cómo y cuándo preguntar

Si bien el número de posibles trasformaciones es mayor que el que se va a presentar, las cinco que se expondrán a continuación representan una versión simplificada y altamente eficiente para iniciarse en el tema.

Para cada trasformación se dará una breve definición, se pondrá un ejemplo, se aclarará su objetivo y al mismo tiempo se brindará como ayuda, una referencia al tipo de pregunta.

1. Sustantivos no especificados

Definición: el objeto o sustantivo no aparece especificado en la frase. Ejemplo: Ellos me atemorizan.

Objetivo: aclarar a quién o quiénes específicamente se hace referencia.

Pregunta: ¿Quién o quiénes específicamente lo atemorizan? Palabras clave: ellos, los, las, algunos, etcétera. NOTA: merecen igual tratamiento los vocablos que como justicia, equidad, productividad, felicidad, reconocimiento y tantos otros, pueden dar lugar a diferentes interpretaciones. El objetivo es determinar a cuál de las interpretaciones hace referencia el interlocutor y para ello es importante preguntar: ¿A qué específicamente se refiere cuando dice...?, o ¿Qué entiende específicamente por...?

2. Verbos no especificados

Definición: no se dan detalles de cómo algo fue (o va a ser) hecho o dicho.

Ejemplo: Voy a liquidar este asunto. Objetivo: definir detalles acerca del cómo. Pregunta: ¿Cómo específicamente va a hacerlo?

3. Comparaciones sin referente

Definición: Algo que es comparado y no aparece en la frase. Ejemplo: En este tipo de negociaciones, lo mejor es jugar rudo. Objetivo:

recuperar el elemento y el criterio de comparación. Pregunta: ¿Mejor que qué, o comparado con qué específicamente? Palabras clave: mejor, peor, él (la) más ... él (la) menos..., mayor, menor, etcétera.

NOTA: muy cercanos a las comparaciones sin referente están los juicios sobre algo o alguien, sin decir quién lo realiza o con qué criterio.

Ejemplo: Evidentemente, ésta no es la forma correcta de proceder en este caso.

Objetivo: identificar quién realiza el juicio y los criterios utilizados. Pregunta: ¿Evidente para quién? ¿Correcto para quién específicamente? ¿Con base en qué criterios?

Palabras clave: prestar especial atención a los adverbios terminados en mente. Evidentemente, claramente, obviamente, consecuentemente, etc., que se usan para eliminar a la persona que está haciendo el juicio.

4. Cuantificadores universales

Definición: se trata de generalizaciones muy amplias. Ejemplo: Jamás me ha ido bien en los negocios. Objetivo: descubrir la excepción o contraejemplo de la generalización.

Pregunta: ¿Jamás, jamás? ¿Nunca ha tenido un caso en el que le haya ido bien en los negocios? La otra posibilidad es descubrir cuál fue específicamente la experiencia que dio origen a la generalización: ¿En qué caso específicamente no le ha ido bien? ¿A qué situación se refiere?

Palabras clave: nunca, siempre, todos, ninguno, jamás, etcétera.

5. Operadores modales (O.M.) de necesidad y de posibilidad

Definición: expresiones que revelan normas o reglas limitantes del pensamiento y del comportamiento.

Ejemplo de O.M. de necesidad: En una negociación, no debe confiarse en nadie.

Ejemplo de O.M. de posibilidad: No puedo encontrar los intereses debajo de las posiciones.

Objetivo de O.M.N.: desafiar la limitación identificando las consecuencias de no cumplir con la regla. Objetivo de O.M.P.: descubrir la causa. Pregunta de O.M.N.: ¿Qué pasaría si confiara? Pregunta de O.M.P.: ¿Qué se lo impide?

Palabras clave de O.M.N.: debo, debería, es necesario, es imprescindible, etcétera.

Palabras clave de O.M.P: no puedo, es imposible, no podré, etcétera.

TRASGRESION	PREGUNTA
Sustantivo no especificado	¿Cómo sucede eso específicamente?
Verbos no especificados Comparaciones	¿Comparado con qué?
Cuantificadores universales	¿Jamás? ¿Siempre? ¿En qué caso...?
Juicios	¿Quién dice...? ¿Basado en qué...?
Operadores modales de necesidad	¿Qué pasaría si...?
Operadores modales de posibilidad	¿Qué le impide...?
¿Qué o quién específicamente...?	
(Véase anexo 1)	

Cuadro 4 – 1. Qué y cómo preguntar.

¿Cómo y cuándo preguntar?

El metamodelo, así como esta versión simplificada, es una poderosa herramienta siempre que, al igual que cualquier otra herramienta, no sea mal utilizada. Utilizar mal el metamodelo significa:

1. Hacer preguntas cuando la respuesta no va a ser relevante para lograr los objetivos de la conversación o de la negociación en su conjunto.

2. Hacerlas en un tono inapropiado, que haga sentir a la otra persona acorralada.

Al contrario, es recomendable:

◆ Preguntar sólo si la información buscada por la pregunta es importante, o va a ser de utilidad para entender o ayudar a otro a entender lo que la contraparte piensa cuando se expresa. Como toda destreza y a diferencia de las técnicas, ésta no es fácil de trasmitir. Saber en qué situación o en qué momento es relevante preguntar durante una negociación, es altamente variable, contextual y subjetivo.

◆ Detectar y aclarar primero los sustantivos no especificados ahorra tiempo. Luego, buscar clarificar el resto de las transgresiones.

◆ Usar atenuantes como: Me estaba preguntando y me gustaría saber Estoy intrigado acerca de... Eso es muy interesante y me pregunto ¿...? Déjeme ver si lo entendí bien.

◆ Agregar en todos los casos un tono de sana curiosidad en la formulación de la pregunta.

Si se cuidan estos detalles, se tendrá una de las armas más potentes para el entendimiento. Si se utiliza de forma inadecuada, puede malograrse no sólo una negociación, sino la relación futura con quienes se alterne.

¿Y por qué no está la pregunta por qué?

Como podrá apreciarse, ni la versión original, ni esta versión simplificada del metamodelo, incluye la pregunta ¿por qué? Si bien esta pregunta no debe ser proscrita, frecuentemente, cuando durante el curso de una negociación alguien la usa, lo único que se obtiene con ella son vaguedades y generalizaciones o justificaciones del hecho o dicho que fue motivo de la pregunta, muy poco útiles para mejorar la comprensión. Por ejemplo: ¿Por qué me dice injusto? Porque sí, porque lo es.

Por su condición de apuntar al pasado, es una pregunta que muchas veces suena inquisitoria y que por tanto debe ser usada con prudencia y acompañada de una comunicación no verbal, de real indagación. Ante la necesidad de conocer la razón de algo, un buen sustituto es utilizar ¿para qué?, pues apunta al futuro y se obtiene, en general, como respuesta mejor material para entender un dicho o hecho.

«Quien domina la palabra (la retórica), domina la mente y el alma
de la gente».

Gorgias

Otras transgresiones	Anexo 1
Eliminación simple ◆ Estoy preocupado.	Pregunta: ¿Acerca de qué específicamente?
Nominalizaciones ◆ Debemos tratar esto con firmeza.	Pregunta: ¿Quién debe ser firme y con qué o quién específicamente?
Juicios, juez o criterio ◆ Evidentemente, esa no es la forma correcta de hacerlo.	Preguntas: ¿Evidente para quién? ¿Correcto para quién? ¿Con base en qué criterios específicamente?
Presuposiciones ◆ Si supiera lo importante que es un buen diálogo para negociar, no actuaría así.	Preguntas: ¿Qué le hace creer que su interlocutor no lo sabe? ¿Cómo sabe que no lo sabe? ¿Cómo específicamente está actuando?
Causa-efecto ◆ Sus preguntas me ponen nervioso.	Pregunta: Específicamente, ¿cómo lo hacen?
Lectura de mente ◆ Sé exactamente lo que lo motiva a actuar así.	Pregunta: Específicamente, ¿cómo lo sabe?
Complejo equivalente ◆ En lugar de atenderme está haciendo dibujitos.	Pregunta: ¿Cómo sabe que dibujar en la hoja significa específicamente que no está atendiendo?

Capítulo 5

En esta negociación: ¿quién está al mando?

Negociación de dos, negociación de multitudes

Mi estudio y el consultorio de mi esposa, que también es médica, funcionan en el mismo lugar: una casona antigua reciclada, del barrio de Pocitos, en Montevideo.

Cuando decidimos mudarnos de la anterior casa que ocupábamos, queríamos una similar pero algo más espaciosa, por lo que decidimos que un amigo, dueño de una inmobiliaria, nos ayudara a buscarla.

Dos días después, nos muestra una casa ubicada a dos cuadras de la nuestra, que había pertenecido a un pintor uruguayo recientemente fallecido. La casa se encontraba en sucesión entre nueve herederos que vivían en distintos países: algunos en Uruguay, otros en Brasil, algunos en Estados Unidos y, por último, algunos en Israel.

Se trataba de una casa de dos plantas, de muy buena apariencia exterior, a la que se accedía por un enorme portón en arco de medio punto de hierro y vidrio, que daba entrada al garaje.

La puerta de acceso a la casa, una vez traspasado el portón, quedaba sobre una de las paredes laterales del garaje. La pared opuesta a esa puerta estaba totalmente ocupada por un mural del pintor, hecho de pequeños mosaicos de colores.

Tomando en cuenta que estoy lejos de ser un experto en arte o en murales, mi primera opinión del mural fue que era horroroso, al punto que casi instantáneamente pensé que si comprábamos la casa, lo primero que iba a hacer era sacar ese mural de ahí.

Recorrimos la casa y no sólo era bonita, sino que se ajustaba muy bien a nuestras necesidades de tamaño, circulación, etcétera.

Como ya habíamos explorado el mercado, decidimos hacer una oferta, que mi amigo se encargaría de negociar con los herederos.

Pocos días después, recibo una llamada de la inmobiliaria diciéndome que las cosas iban bien, que varios de los herederos consultados y algunos de los más influyentes de la familia estaban de acuerdo con la cifra y la forma de pago.

Dos días más tarde, vuelve a llamarme mi amigo de la inmobiliaria esta vez para decirme que uno de los herederos le había pedido sacar el mural del garaje, pues pensaba intentar venderlo al parque de vacaciones de los funcionarios de UTE, el organismo de electricidad del Estado, donde el pintor había realizado varias de sus obras.

Mi respuesta casi instantánea fue: «*NO, de ninguna manera, deciles que NO. Deciles que yo vi la casa con el mural y el mural está incluido en el trato. ¿Están locos? En cualquier momento me van a decir que quieren llevarse el inodoro porque ahí se sentaba el pintor y que lo piensan vender. Deciles que NO, definitivamente NO*».

Del otro lado se hizo un largo silencio y luego se escuchó la voz calmada de mi amigo que, conociendo mi opinión anterior sobre el mural me decía: «*Julio, razonemos un poco, si el mural valiese una suma muy considerable, no te lo van a dejar, simplemente no van a hacer el negocio contigo, lo van a sacar primero y volverán a poner la casa a la venta. Si el mural no vale nada, ¿de qué preocuparse? Y en última instancia: ¿En qué negocio estás? ¿Para qué estás comprando una nueva casa? ¿Cuál es tu verdadero interés en mudarte? ¿Te estás dedicando acaso a la compraventa de murales y pinturas?*»

En ese momento, además de ponerme colorado, vinieron a mi mente dos recuerdos importantes.

Primero recordé a Roger Fisher, recomendando permanentemente a sus discípulos y clientes negociar por intereses y no por posiciones, así como la facilidad con que, en el trascurso de una negociación, a pesar de conocer la regla podemos caer en la trampa de hacer lo inverso.

La segunda cosa que recordé fue el origen de la corriente psicológica creada por el psiquiatra doctor Eric Berne, e introducida en Latinoamérica y España por el doctor Roberto Kertész.

Berne, de formación psicoanalítica, dio los primeros pasos en el desarrollo de su brillante escuela, mientras atendía a un paciente, un abogado de 35 años llamado Ned.

Por momentos Ned se comportaba como un profesional eficiente y racional, que era capaz de tomar importantes decisiones y por momentos lo hacía como un niño, que rehuía por temor a enfrentar juicios, se emborrachaba y drogaba sólo en su cabaña de campo, rodeado de armas y revistas pornográficas. Ambos, paciente y terapeuta, percibían esto.

Ned decía: «Así me siento exactamente a veces... que no soy realmente un abogado, sino un niño pequeño».

Berne comentaba en uno de sus artículos: «Todo lo que se le decía a este paciente era oído por ambas personas: el abogado adulto y el niño pequeño ... una parte manejaba racionalmente la realidad, la otra lo hacía en forma arcaica ... era aparente la existencia de dos estados del yo, tanto para el paciente como para el observador: una de un adulto y otra de un niño».

Berne percibió que, dependiendo de cómo se dirigía a Ned, podía obtener uno u otro de los comportamientos y decidió llamar precisamente «(A) Adulto» a la parte racional y «(N) Niño» a la parte infantil del abogado.

Frecuentemente me he encontrado durante negociaciones, como en el caso personal que les acabo de relatar, viendo y escuchando a personas grandes e importantes, negociando como niños.

Por momentos, aunque las negociaciones sean de millones de dólares, los participantes están metidos en un juego de niños y comportándose como tales, manejando la realidad, aunque con una apariencia racional, con sus programas infantiles.

Todos hemos aprendido a negociar desde muy pequeños y lo hemos hecho como pudimos, lo que para nada es un pecado. Lo que sí es un pecado es seguir usando las mismas tácticas y respuestas automáticas en nuestra vida adulta, especialmente en circunstancias donde se necesita algo más que llorar o patalear.

Un trío inigualable

Analizando a Ned por más tiempo, Berne descubrió que había algunos comportamientos que no se ajustaban bien a ninguno de los dos estados descritos antes. Esos comportamientos se parecían mucho a los comportamientos de alguno de los padres del abogado, por lo que llamó «(P) Padre» a este tercer estado del yo, a este tercer programa de Ned, a este tercer disfraz.

Según el estado del yo en control de la situación, los comportamientos de Ned eran muy diferentes.

Así, Ned podía a veces hablar filantrópicamente del manejo del dinero como lo hubiese hecho su padre, otras tomar decisiones adultas de inversión, frías y bien calculadas y, en ocasiones preocuparse como un niño por algunos centavos que gastaba.

De esta manera Berne describió cada estado del yo como «un sistema de emociones y pensamientos, acompañado de un conjunto afín de patrones de conducta».

Si asemejásemos nuestro cerebro a un computador, podríamos imaginarnos tres grandes sectores de archivos de datos y programas que siguiendo a Berne llamaremos: (P) Padre, (A) Adulto y (N) Niño y los representaremos, como él lo hizo, con tres círculos superpuestos.

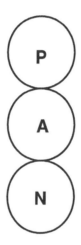

En el archivo (P) Padre, está grabado todo *lo que se debe o no se debe hacer... el sentido aprendido de la vida.* Allí están archivados la cultura, las tradiciones, los valores, las reglas de todo tipo, los prejuicios y preconceptos que tenemos sobre las cosas y las personas, sobre lo que es moral y lo que no lo es. Si estos son los programas que están en control en determinado momento, nuestras pautas de conductas son parecidas a las de alguna o algunas de las figuras parentales que más nos influyeron durante la infancia o adolescencia (padre, madre, hermanos mayores, tutores, abuelos, maestros, etc.).

Desde este estado del yo, juzgamos, damos órdenes, criticamos o protegemos a otros o a nosotros mismos como lo harían nuestras figuras parentales; lo que antes estuvo afuera, ahora está adentro.

Cuando somos muy pequeños y nuestro adulto no está aún bien desarrollado como para filtrar información y decidir qué es conveniente archivar y qué no, nuestras grabaciones en estos archivos son directas, sin un análisis de la utilidad, veracidad, exactitud o practicidad de lo grabado. La tendencia de esas grabaciones sin análisis, es hacernos repetir o imitar conductas y comportamientos de otros.

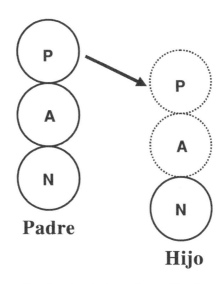

«*Jamás cedas, te tomarán por blando*».

Otra manera de incorporar información en este archivo es a través del filtro del Adulto.

Cuando esta otra parte del computador está lo suficientemente desarrollada, puede evaluar si los mensajes parentales que recibe son adecuados y convenientes para ser archivados o puede incluso sacar sus propias conclusiones de los hechos y crear nuevas reglas, reformar o desechar algunas de las anteriormente archivadas.

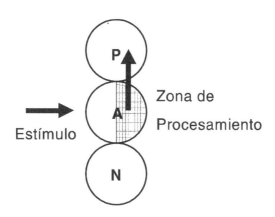

Sin embargo, modificar los archivos parentales, los prejuicios y preconceptos que tenemos, como todos intuimos, no es cosa fácil.

En primer lugar por lo desapercibidos que pasan y en segundo lugar, por la resistencia y fuertes emociones de todo tipo que generan en individuos, familias, empresas, colectividades o naciones, cuando alguien cuestiona algunas de esas grabaciones.

Si bien se acepta que las grabaciones parentales no son pasibles de ser borradas, también es aceptado que pueden ser trasladadas a «archivos muertos» o actualizadas por el Adulto.

El (A) Adulto que comienza a desarrollarse a partir del segundo año de nuestra vida se fortalece con el uso y la estimulación adecuada. Es la parte de nuestro computador encargada de razonar y determinar *lo que conviene o no conviene* hacer. Toma los datos de la realidad, recopila información externa e interna (de su propio archivo y de las otras partes del computador), la procesa y la ordena de una manera lógica para decidir la respuesta más apropiada, ejecutable luego desde cualquier estado del Yo.

Analiza y estima las posibles consecuencias de distintas decisiones. Allí está archivado el pensamiento científico desapasionado y nuestros programas, buenos o malos, para la resolución de problemas y toma de decisiones racionales.

Al igual que para cualquier otro computador, además de la calidad de los programas que use, el egreso dependerá de la calidad del material que le ingrese, por lo que es fácil prever que si esta parte usa información tomada de los otros dos archivos, los resultados de sus procesos pueden verse también afectados por la calidad del material allí archivado.

Cuando el control de nuestras acciones está en el (N) Niño de nuestro computador, nos emocionamos, intuimos, creamos, pensamos, sentimos y actuamos como cuando éramos niños. Allí está archivado *lo que nos gusta o no nos gusta hacer, el concepto sentido de la vida* y lo biológico (sexo, color del iris o de piel, estatura, etc.). Ahí incluimos todo el pensamiento mágico, lo irracional, la superstición, la curiosidad, la intuición, la creatividad, la captación global de ideas o situaciones así como la percepción de los sutiles significados de los mensajes no verbales (lenguaje corporal, tonos de voz, etc.). Al decir de mi maestro, el doctor Roberto Kertész, allí está lo mejor y lo peor de cada uno de nosotros.

En cualquier circunstancia -incluidas las negociaciones en las que participamos- los tres estados o partes del computador, como los músicos de un trío, pueden trabajar coordinadamente para obtener la mejor melodía, los mejores resultados posibles de una situación.

Cualquier estímulo puede eventualmente ser resuelto también desde uno solo de estos estados, utilizando sus capacidades y programas.

Los resultados variarán desde excelentes a desastrosos, dependiendo no sólo del contenido de los archivos, la calidad de los programas, sino de la adecuación y coordinación de los recursos (parte del computador o estado del yo), con lo que la situación requiere.

Es bastante claro en la historia que inicia este capítulo, que en ese episodio, como mínimo, no existió una actividad bien coordinada de mis estados del yo. Lo que comenzó siendo una negociación desde mi Adulto, dejó de serlo ante distintos estímulos y en varias oportunidades.

Cuando "estoy" en mi estado del Yo	EJEMPLOS DE CONDUCTAS TÍPICAS			
	Subjetivas		Objetivas	
	Pienso	Siento	*Digo*	*Hago*
PADRE (Lo que se *debe* hacer: prejuicios)	Los jóvenes son muy impulsivos e inmaduros para negociar.	Conmiseración.	Usted es muy joven e inexperto para entender lo que le conviene.	Tono sobreprotector. Mano en el hombro.
	Hay que ser duro en las negociaciones.	Enojo.	No tengo mucho tiempo. Sea breve, lo toma o lo deja.	Mira el reloj.
	Negociando todos son iguales. Si les das la espalda te liquidan.	Indignación.	¿Qué se trae usted atrás de esa propuesta?	Mirada y dedo índice acusador.

ADULTO (Lo que conviene hacer: datos de la realidad: estimación de probabilidades)	No entiendo por qué se irrita así. Esto es cuestión de números.	Nada.	Le reitero que lo importante son las cifras y las cifras dicen-	Repite robóticamente. Tono frío.
	Me está amenazando con su alternativa. Conviene cambiar el juego.		De qué manera negociar con ellos es mejor para sus intereses que con nosotros, hábleme de sus intereses.	Se pone de pie para escribir en un portafolios.
	Está tratando de manipular mezclando la relación con la sustancia.		Lo que conviene es separar lo que sentimos cada uno de lo que me merezco en función de los datos y resultados.	Gesto de separar las manos y vuelve a sus apuntes con l a s c i f r a . Se ríe.
NIÑO (Lo que me gusta hacer: emociones, sensaciones físicas, creatividad, ideas irracionales)	Le voy a hacer perder el control, a ver qué pasa. Total...	Triunfalismo.	Lo que Ud. dice me resulta gracioso, es de locos...	Le traspiran las manos y la frente. Se pone colorado.
	Negociar me pone nervioso: especialmente si es viernes.	Temor. Ansiedad.	Esteee; lo que pasa es queee... Bueno, ejem. siiii... no sé...	Se frota las manos.
	Hoy es mi día.	Euforia.	No me vengas con eso de las alternativas, esto es bárbaro, es el negocio del año.	

La primera, cuando impensadamente decidí deshacerme del mural de la pared, sólo porque no me gustaba (N), sin tomar en cuenta su valor económico (A) o el valor estético o afectivo para otros (P), ni en las consecuencias ulteriores de sacarlo del lugar.

La segunda, cuando reaccioné caprichosamente ante el pedido de retirar el mural. En ese momento, poniendo en riesgo los intereses centrales en la negociación, respondí categóricamente N0, actuando como un niño obcecado, al que alguien quiere sacarle un juguete inútil con el que ni siquiera estaba jugando.

¿Quién debe tocar en mis negociaciones?

Es evidente que una buena negociación se beneficia del uso de todos nuestros estados del yo, de forma coordinada y armónica, apareciendo en una secuencia adecuada a la etapa de la negociación que se trate o al tipo de situación por la que estamos atravesando, así como al tipo de negociador o negociadores que nos ha tocado en suerte.

En general, un buen resultado tanto para la preparación, la negociación o la evaluación requieren, de preferencia en ambos negociadores, *un buen adulto* que, manejando *un buen método,* coordine como lo haría un director de orquesta con los distintos ejecutores, la participación de los otros estados en el momento más conveniente y adecuado.

Un estado del yo Padre adecuado aportará y respetará los valores que permitan crear las condiciones de credibilidad y confianza para lograr un buen ambiente y *relación de trabajo.* Velará porque los beneficios sean mutuos y ayudará a sostener los *criterios de legitimidad,* los estándares y datos objetivos ajenos a los antojos del Niño de las partes, que permitan dirimir las diferencias asertivamente. Ayudará al Adulto y al Niño a aceptar lo que es legítimo y lo que es justo, aun cuando provenga de la otra parte y buscará que de la negociación, todos salgan sintiendo que han sido tratados equitativamente, que nadie ha sido estafado. Propondrá las reglas de los procesos a llevarse a cabo y dará permisos y aliento para que la creatividad del Niño de cada parte se vea reflejada en la generación de muchas opciones con buen valor agregado.

Un estado del yo Adulto adecuado establecerá los mejores mecanismos y herramientas de preparación, las estrategias y la agenda más conveniente para negociar, así como las herramientas para evaluar los resultados. Antes de iniciar la negociación, hará acuerdos con la otra parte, sobre la adecuación y conveniencia de las reglas propuestas por el Padre, sobre cómo vamos a negociar. Ayudará a nuestro Niño a explorar y descubrir los *intereses* reales debajo de las posiciones y buscará la forma de expresarlos adecuadamente. Clarificará las dudas en la *comunicación,* exponiendo, escuchando y haciendo preguntas inteligentes para entender y asegurarse de haber sido comprendido. Evaluará los beneficios e inconvenientes de cada una de las *opciones* puestas sobre la mesa para satisfacer los intereses y separará el proceso de inventar, propio del Niño, del de decidir, que es de sus dominios. Explorará y hará comparaciones con las *alternativas* que tenga fuera de la mesa de negociaciones para satisfacer los intereses y con base en aquellas y los estándares objetivos, decidirá sobre los límites para el caso. Resolverá en última instancia, consultando al Niño sobre lo que a éste le gusta y al Padre sobre lo que se debe hacer, lo que en esas circunstancias es más conveniente.

Decidirá en última instancia, si es mejor aceptar una de las opciones y establecer un *compromiso* o dejar la negociación y tomar la mejor alternativa al acuerdo negociado (MAAN). Velará también porque el compromiso, si se llega a él, sea inteligente; es decir realista, operativo y funcional. Una vez finalizada la negociación, hará la evaluación del resultado, extraerá sus conclusiones acerca de aquello que funcionó y que sería recomendable repetir en iguales circunstancias y aquello que haría diferente, así como las razones para ello. Si es posible, con esas conclusiones creará nuevas reglas, criterios y generalizaciones, que podrán ser archivadas en el Padre para ser usadas en circunstancias parecidas a la actual, sin necesidad de repetir el proceso. Actualizará algunas reglas del Padre, por cuanto lo que son criterios objetivos hoy, pueden ser tan sólo prejuicios mañana.

Un estado del yo Niño adecuado aportará la materia prima de la negociación: sus miedos, sus temores, sus deseos, sueños y anhelos, que bajo el comando del Adulto se trasformarán en intereses, metas y objetivos para la negociación. Serán de su competencia toda la creatividad y la libertad de inventiva a la hora de elaborar opciones que contengan valor agregado, que no dejen desperdicio o dinero sobre la mesa. Vale la pena aclarar que cuando nos referimos a valor agregado, no sólo lo hacemos en el sentido material del término, aunque a veces nos refiramos metafóricamente al punto, como «no dejar dinero sobre la mesa». Nos referimos, por el contrario, al concepto de que las negociaciones complejas deben ir más allá del simple regateo, entendiendo que la idea «ganar-ganar» no se refiere tan sólo a dinero sino a buscar que las opciones contengan formas de resolver o satisfacer otros intereses: algunos psicológicos, como autorrealización, prestigio, reconocimiento, pertenencia; otros no monetarios, como seguridad, garantías, precedente, formas de entregas, etcétera.

El niño aportará también la intuición y las emociones y percibirá las emociones de la otra parte así como sus sutiles mensajes no verbales. Sus emociones, sus comprensiones intuitivas y su captación de los mensajes no verbales durante las negociaciones servirán como verdaderos indicadores subjetivos de la marcha de las cosas, señales que el adulto deberá procesar y combinar con la racionalidad para obtener los mejores resultados. Será el encargado de crear empatía, buena onda y sintonía y, cuando según la evaluación adulta convenga, el niño sabrá integrar el humor y el relax que facilitará una relación de trabajo armónica y distendida.

¿Y si alguien toca a destiempo?

Es común que aparezcan problemas durante las negociaciones cuando usamos un estado del yo inadecuado para la circunstancia o el momento específico por el que atraviesa.

Pasa algo parecido cuando en una orquesta el percusionista aburrido se duerme y cuando despierta de repente, le da duro al bombo en el momento que debía empezar el solo de flauta dulce.

Utilizar el Padre a la hora de inventar opciones creativas (más allá del papel de sentar las reglas para una tormenta de ideas), no parece aconsejable.

Tampoco lo es usar el Niño a la hora de analizar la adecuación de criterios de legitimidad, estándares y valores de mercado.

Usar el Adulto para lograr un momento de humor, relax o crear empatía y buena onda en la relación de trabajo, en general no es la mejor elección.

Encuadre general de la negociación	Padre: propone reglas sobre cómo vamos a negociar. Adulto: propone agenda de proceso eficiente. Niño: genera buena onda, empatía, sintonía.	
ELEMENTO DE LA NEGOCIACIÓN	ESTADO DEL YO	APORTA
Intereses. Necesidades, preocupaciones, motivos, esperanzas que nos mueven a negociar.	Niño	La materia prima de la negociación: deseos, anhelos, gustos, miedos, temores, etcétera.
	Adulto	Transforma posiciones en intereses y desarrolla objetivos y metas.
Opciones. Posibilidades razonables de llegar a un acuerdo con las personas con quienes estamos negociando - dentro de la mesa de negociación.	Padre	Permisos para pensar y reglas de protección para evitar la crítica prematura. Luego, crítica en función de valores y estándares de legitimidad.
	Adulto	Evaluación de las ideas, filtra, realiza análisis de realismo, aplica métodos racionales para la toma de decisiones, separa el proceso de inventar del de decidir.
	Niño	Creatividad, curiosidad, intuición, inventiva para elaborar nuevas ideas.
Alternativa. Lo que puede hacer por usted mismo o con otros sin el acuerdo de su contraparte para satisfacer sus intereses - fuera de la mesa de negociación.	Padre	Permisos para pensar y reglas para evitar críticas prematuras.
	Adulto	Evaluación de las alternativas versus opciones en función de intereses para la toma de decisiones.
	Niño	Creatividad, curiosidad, intuición, inventiva.
Legitimidad. Toda persuasión lograda con base en normas aceptadas, estándares o criterios objetivos.	Padre	Usos, costumbres, decretos, reglas, estándares.
	Adulto	Actualiza datos. Crea nuevos estándares.
Compromiso. Declaraciones orales o escritas acerca de lo que las partes harán o no.	Adulto	Realismo, operatividad, funcionalidad.
Comunicación. Intercambio de mensajes verbales o no verbales.	Adulto	Expone e indaga información. Se asegura de darse a entender y haber entendido. Cuestiona presuposiciones y prejuicios del padre.

Relación de trabajo. Habilidad de las partes para manejar sus diferencias efectiva y asertivamente.	Padre	Emociones y valores como confianza y credibilidad.
	Adulto	Separa la relación de la sustancia.
	Niño	Emociones, empatía, humor, buena onda y relax.

¿Y si alguno de los tres desafina o no sabe tocar?

Con seguridad su Niño ya ha descubierto que esta división de Padre, Adulto y Niño realizada por Berne es extraordinariamente útil y en algunas ocasiones, suficiente, a los efectos de poder comprender mejor las razones de los éxitos y fracasos de nuestras negociaciones.

Todas las llamadas patologías del yo tienen su repercusión en la forma en que negociamos así como en los resultados obtenidos.

Analizaremos seguidamente algunas de las más típicas y representativas «desafinadas», así como sus repercusiones sobre las negociaciones, de modo que nos ayuden a entender el concepto y nos sirvan como una herramienta práctica para diagnosticarnos y hacerlo con quienes negociamos.

Exclusiones

Llamamos exclusión a aquella situación donde el uso de uno de los estados del yo por parte de una persona es tan permanente y de tal intensidad, que anula o torna prácticamente inexistentes a los otros dos y sus funciones.

Padre exclusor

Algunas personas presentan un desbalance con un hiperdesarrollo del estado del yo padre. Alguien prototípico de este grupo podría ser un predicador o un fanático religioso o político y todos conocemos cuáles son las consecuencias cuando alguien así lidera un grupo, una comunidad o una nación, así como el tipo de conflictos y negociaciones en las que participan.

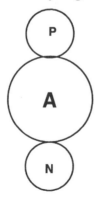

Muestran una tendencia a actuar dogmáticamente, en forma poco flexible, llenos de prejuicios y preconceptos del pasado, a menudo obsoletos, que confunden con criterios de legitimidad, objetivos y actualizados.

Se debe, no se debe, deberían, no deberían, se puede, no se puede, etc. (operadores modales de necesidad y posibilidad), son términos corrientes de sus conversaciones.

En ciertos casos, es el tipo de trabajo o profesión lo que fomenta el hiperdesarrollo de esta parte en algunos negociadores.

Por ejemplo: algunos abogados e integrantes de compañías de seguros, cuya tarea se resume a cumplir con lo que está legislado o escrito en los manuales de estándares (lo que se debe hacer), reflejan incluso esta tendencia en el tipo de compromiso a los que arriban.

La relación es del tipo yo estoy bien, los demás están mal, con pocas posibilidades de relax o humor, mal manejo de las emociones y la intuición y mucho uso de las jerarquías.

Frecuentemente actúan en forma crítica, catequizante y sermoneadora, otras en forma paternalista, sobreprotectora (haz lo que te digo, yo sé lo que te conviene), con una comunicación en un solo sentido.

Debido a la cantidad de creencias limitantes, se dan pocos permisos para cometer errores y por tanto existen pocas oportunidades de fomentar un ambiente creativo que facilite la aparición de múltiples opciones con valor agregado o pensamientos e ideas «fuera de la caja», lo que empobrece los resultados de las negociaciones.

Adulto exclusor

En otros casos, el estado del yo hiperdesarrollado a expensas de un desbalance con los otros dos es el adulto.

Prototípico de este grupo podría ser un ingeniero, un físico o matemático deshumanizado o el doctor Spoke de *Viaje a las estrellas.*

Los negociadores de este grupo son fríos, hiperracionales y crean una relación de trabajo y una comunicación poco empática, con poca sintonía, poco humor y relax, y en sus extremos robótica.

No tienen habilidad para entender y manejar los intereses «humanos» (temores, miedos, deseos, etc.), ni para el reconocimiento y manejo de las emociones, propias y ajenas.

Su orientación es frecuentemente a los logros -que en general no disfrutan-, a la búsqueda de resultados, a la eficacia y la eficiencia, a lo que conviene hacer, sin tomar en cuenta lo que a las partes les gustaría y en algunos casos, tampoco lo que se debe.

Como es de prever, la creatividad tampoco es el fuerte de estos negociadores. Por el contrario, son buenos en el manejo del proceso y la agenda así como en las tomas de decisiones cuantitativas, el uso de criterios objetivos numéricos y de métodos racionales que reduzcan la incertidumbre, la intuición o cualquier tipo de intromisión humana.

Niño exclusor

Por último, negociadores con este tipo de egogramas encuentran sus representantes prototípicos en artistas de distintas disciplinas y creativos de agencias de publicidad.

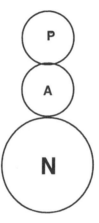

Son negociadores frecuentemente emotivos, impulsivos, anárquicos, que concurren a sus negociaciones con poca o ninguna preparación.

Su pensamiento es mágico y son frecuentes las ideas supersticiosas o de seguir «corazonadas».

Les disgustan las agendas y el orden en el proceso, pudiendo llegar en casos extremos a transformar la negociación en un caos.

Es habitual que ante las dificultades adopten una actitud posicional, a veces caprichosa o antojadiza, lábil, cambiante, por momentos rebelde, por momentos sumisa, algunas veces eufórica, otras depresiva.

Manipulan mezclando la relación con la sustancia, en ocasiones desde el rol de víctima, buscando hacer sentir culpa, otras amenazando con romper la relación si no se le concede lo que pide o chantajeando emocionalmente.

La toma de decisiones es impulsiva, caprichosa, poco racional, poco lógica y sin medir mucho las consecuencias.

Por esta razón, pueden llegar a compromisos voluntaristas, poco realistas, a veces decididamente incumplibles o inconvenientes o no llegar a ellos, aun cuando objetivamente sería absolutamente conveniente hacerlo.

Es infrecuente que estudien qué es lo que van a hacer en caso de que la negociación falle (alternativas) y muchas veces, confrontados con esa idea, descalifican y acusan al confrontador de estar minando su espíritu.

Los criterios de legitimidad, los estándares y normas no son precisamente las herramientas que manejan mejor ni reciben de buen agrado; por el contrario, existe una tendencia a rebelarse ante su uso.

La creatividad es su fuerte, aunque a veces requieren ayuda para que sea eficiente y práctica.

Una nota especial para equipos de trabajo

Cuando negociamos individualmente, cualquiera de las patologías de la personalidad descritas antes pueden tener sus consecuencias negativas en los resultados de las negociaciones.

Cuando negociamos en equipos, algunas de ellas pueden ser atenuadas y en algunas oportunidades, transformadas en ventajas.

Debido a que muchos grupos de trabajo están integrados por personas que muestran cierta tendencia a sobreutilizar alguno de los estados del yo en detrimento de los demás pero en diferentes combinaciones y proporciones, podemos integrar equipos negociadores donde la complementariedad potencie los resultados.

Si de alguna forma somos capaces de utilizar a cada quien en el momento más oportuno de la preparación, la negociación y la evaluación -por ejemplo, al que tiene más Niño en el momento de generar ideas creativas y al que tiene más Adulto para evaluarlas después, evitando que quienes tienen un Padre muy desarrollado las critiquen antes-, podremos sacarle el mayor partido posible a nuestras diferencias y transformar lo que podría ser una amenaza para los resultados en una ventaja en nuestras negociaciones.

Contaminación

Denominamos así a aquellos casos donde la información contenida en el adulto de una persona se encuentra en parte mezclada con información procedente del padre (ideas prejuiciosas) y del niño (pensamiento mágico o supersticioso).

Debido a que las opiniones de estas personas suenan adultas, es decir tranquilas, seguras y reposadas, algunas veces, ellos y otras personas con las que negocian, creen que lo son. Sin embargo, si se analizan con cuidado, no tienen una base racional y son sostenidas con argumentos seudocientíficos.

No hace mucho, durante un taller, surgió una discusión entre dos personas.

Una de ellas, psicóloga, sostenía que cerca del 60% de las consultas de urgencia de los hospitales generales eran problemas donde la urgencia tenía un componente psicosomático.

Dentro del grupo había un médico que rápidamente negó tal afirmación, lo cual inició un diálogo seudocientífico entre dos adultos contaminados.

La psicóloga seudodemostraba que lo que aseveraba era correcto, *porque lo había leído,* aunque no recordaba bien la fuente.

El médico seudodemostraba que no, porque él trabajaba en emergencia y *según su experiencia personal,* eso no era así.

Un padre que se basa en medios no confiables (lo que está escrito es cierto) y un niño que usa mal el método inductivo (de unos pocos casos saca una regla universal), no hubiesen tenido una discusión muy diferente.

CONTAMINACIÓN POR EL PADRE	CONTAMINACIÓN POR EL NIÑO	DOBLE CONTAMINACIÓN
"Nunca se puede confiar en las mujeres y negociando, menos."	*"No encuentro mi corbata de la suerte, mejor cancelo esta negociación."*	*"¡Qué mala suerte, che! Hoy me tocó negociar con dos mujeres."*

¿Y qué cosa es la peor?

Ésta es una pregunta bastante común durante nuestros cursos y asesorías y la respuesta correcta sería ¿peor que qué, específicamente?, o tal vez la más común de las respuestas de los asesores: «depende».

No obstante, entendiendo que la pregunta se refiere a cuál de los problemas mencionados afecta más los resultados de las negociaciones, diría que cuando la gente toma decisiones, y de eso se tratan las negociaciones:

- ◆ Si lo hace desde su estado de yo Padre, lo hace tomando en cuenta gran cantidad de limitaciones, de prejuicios, preconceptos y, también, criterios de legitimidad. Se protege, se autocritica, critica al otro y a las propuestas que aparecen sobre la mesa, por lo que los riesgos de tomar una decisión realmente equivocada no son tan altos.

- ◆ Lo mismo sucede cuando las personas funcionan durante sus negociaciones con mucho Adulto. Al igual que en el caso anterior, la creatividad y la empatía pueden brillar por su ausencia, pero las decisiones seguramente serán ponderadas y, si es posible, medidas y comparadas muchas veces antes de ser tomadas.

- ◆ La experiencia me indica que cuando una persona prepara, negocia y evalúa los resultados con su Niño, la situación es de mayor riesgo. Sin descartar para nada el valor de la intuición, que en general se ve exaltada en estas circunstancias, cuando estamos "poseídos por nuestro espíritu mágico" y sin ninguna lógica nos creemos derrotados o invencibles, la toma de decisiones puede ser catastrófica. Cuando un gerente está eufórico, pensando que "hoy nada nos puede salir mal porque es 13" o deprimido porque "perdí mi lapicero de la buena suerte", lo más recomendable es que negocie un tiempo para pensar, asesorarse y retomar un método asertivo para negociar y decidir.

¿Algo para negociar internamente?

Diálogos internos

Algunas veces los problemas en las negociaciones están relacionados con la existencia de diálogos internos.

Estas comunicaciones tienen lugar entre el Padre y el Niño, sin que el adulto tome conciencia de ello. Se dan bajo la forma de circuitos que se repiten muchas veces al día y, en ocasiones, hasta se exteriorizan, como cuando vemos gente hablando sola por la calle, muchas veces metidos en conversaciones consigo mismos, de las cuales no tienen registro.

Algunos de esos diálogos pueden ser positivos para la persona; por ejemplo, cuando nuestro padre interno nos da aliento para superar una dificultad (adelante, lo estás haciendo bien).

Otras veces, esos diálogos nos asustan, nos enojan, nos deprimen o nos hacen responder de una manera inadecuada, como en algún momento de nuestra vida lo hizo alguna de las figuras parentales externas y como tal vez sucedió durante la negociación que relaté al comienzo de este capítulo. Probablemente en aquel momento actué respondiendo a un diálogo interno no consciente, donde mi parte parental pendenciera (P), sin el análisis de mi Adulto, le decía a mi Niño:

P: *Julito, eso es un abuso, vos viste la casa con el mural y todo y ahora te lo quieren   sacar; te tenés que hacer respetar, no des el brazo a torcer. (1)*

N: *Tenés razón, ¿lo mando al diablo? (2)*

P: *Y sí, sino te van a sacar otras cosas, te van a pedir hasta el inodoro. Decile que no. (3)*

N: (Externamente): *No, de ninguna manera... (4)*

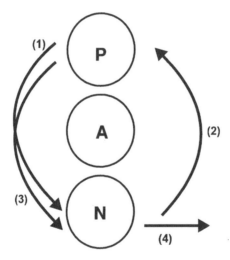

Los efectos en las negociaciones de estos diálogos internos, dependen del tipo de diálogo, pero si son parecidos al de mi relato y no tenemos un amigo cerca, pueden ser desastrosos.

Congruencia e incongruencia

Para crear lo que luego conoceremos como análisis funcional de la personalidad, Berne utilizó cinco signos observables de conducta: postura corporal, gestos, expresión facial, tonos de voz y tipo de palabras usadas.

Esta lista fue ampliada a doce por el doctor Roberto Kertész y colaboradores.

LOS DOCE SIGNOS DE LA CONDUCTA OBJETIVA (EXTERNA, PÚBLICA)	
SIGNOS DE LA CONDUCTA VERBAL (LENGUAJE)	1.- Palabras y frases; sintaxis. 2.- Tonos de voz. 3.- Ritmo del habla, velocidad. 4.- Volumen (intensidad).
CONDUCTA NO VERBAL (CORPORAL)	5.- Mirada (expresión de las pupilas). 6.- Expresión facial (músculos del rostro). 7.- Gestos y ademanes (manos, brazos, piernas, pies, cuello, hombros, movimientos de la cabeza). 8.- Postura corporal (tronco, caderas). 9.- Lo vegetativo (color de la piel , tono muscular, transpiración, latidos cardíacos, ritmo respiratorio, volumen del labio inferior). 10.- Distancia física a la cual se coloca respecto a otros. 11.- Velocidad y ritmo de los movimientos corporales. 12.- Vestimenta (ropa, adornos, maquillaje).

Cada uno de estos signos trasmite un mensaje, que puede ser congruente o incongruente con los restantes.

Decimos que existe congruencia cuando todos los signos de conducta de una persona (nuestros o de la contraparte) trasmiten el mismo mensaje.

Decimos que existe incongruencia cuando distintos signos de conducta comportan mensajes diferentes.

La incongruencia puede ser sucesiva o simultánea.

En la incongruencia simultánea, algunos signos de conducta trasmiten mensajes diferentes al mismo tiempo. Esto hace que a menudo este tipo de incongruencias pasen desapercibidas para la mente consciente de la contraparte, pudiendo causar gracia y más a menudo confusión.

Ejemplo: un negociador dice, *"¡ Analicemos esto con calma por favor"!,*

gritando y dando un puñetazo en la mesa.

En la incongruencia sucesiva entre los signos de conducta (mensajes) incongruentes, media un período variable de tiempo (alguien dice una cosa y minutos después dice o hace lo contrario). Esto hace que este tipo de incongruencias generen en la contraparte sorpresa y frecuentemente enojo o malestar al vincularlas con la mentira.

Ejemplo: alguien que dirige una tormenta de ideas para la preparación en grupo de una negociación, dice: *"Vamos a dar comienzo a la sesión y recuerden que no debemos criticar las ideas, sólo estamos inventando"* y minutos después, cuando alguien sale con una idea diferente, salta con un: *"¡Eso es una estupidez, es ridículo, no lo van a aceptar ni borrachos!"*

Salvo que sean premeditadas, es decir, decididas por el Adulto con un objetivo particular (enojar, confundir, etc.), cualquiera de estas dos situaciones (al igual que en el caso de los diálogos internos), debido a las posibles consecuencias negativas que tienen, ameritan una verdadera negociación interna, intrapersonal, previa a la externa, interpersonal.

Si ese es el caso, le sugerimos poner de acuerdo a sus propios músicos, primero sobre quién debe tocar, en qué secuencia y de qué forma y, para ello, nada mejor que una "silla vacía", procedimiento que describiremos hacia el final del capítulo.

La orquesta se agranda: análisis funcional de los estados del yo

En función del registro filmado y posterior análisis, esos signos de conducta observables, como las que hacemos frecuentemente en nuestros talleres avanzados y en asesorías personales, es posible definir las siguientes subdivisiones de los estados del yo:

El padre se subdivide en:

PC (PADRE CRÍTICO)

*En lo positivo:*conductas de firmeza, orden, control, fijación de límites adecuados.
*En lo negativo:*prejuicios, insultos, desvalorización, autoritarismo.

PN (PADRE NUTRITIVO O PROTECTOR)

Apoyo al crecimiento ajeno, protección, comprensión, permiso para vivir, disfrutar y crecer, educación y orientación.
En lo negativo: sobreprotección.

El Adulto no se subdivide funcionalmente, ya que no son asignables signos distintos de conducta a supuestas divisiones.

Sin embargo, lo hemos clasificado a grandes rasgos en tres niveles:
El más bajo: *muscular*. Ejecuta tareas mecánicas con los músculos.
El intermedio: *repetitivo intelectual*. Sólo cumple tareas intelectivas, indicadas por otros (hacer planillas, etc.).
El más alto: *analítico*. Estudia datos de la realidad, se programa a sí mismo, planifica.
Estos niveles tienen importancia en el análisis de las tareas laborales, selección de personal y capacitación.

¿Cómo detectamos qué parte del Padre funciona?
Internamente, por lo que pensamos y sentimos.
Externamente, al oírnos en una grabación, vernos en un video casete o espejo y observando a otros por los signos de conducta (palabras, tonos de voz, gestos, etc.).

EL NIÑO ADAPTADO (NA)

Se origina en el NIÑO LIBRE, que se fue adaptando a las exigencias familiares y ambientales. Se compone de dos subestados: el NIÑO SUMISO (obediente, disciplinado, a veces desvalorizado) y, el NIÑO REBELDE (opositor, desafiante, provocador, competitivo).

EL NIÑO LIBRE (NL)

Incluye una parte biológica: el NN o NIÑO NATURAL y el AN o ADULTO NIÑO (intuición, creatividad, curiosidad, viveza). Estas no son diferenciables por los signos objetivos de la conducta.

Esquema recomendado para fines de la práctica diaria

Padre crítico

Padre nutritivo

Adulto

Niño libre

Niño sumiso

Niño rebelde

Algunos instrumentos más

Como si esto fuera poco, este instrumento nos da la posibilidad de hacer finas distinciones de una manera práctica y sencilla, al alcance de cualquier obervador interesado.

Cuando la situación lo amerita, podemos distinguir facetas positivas y negativas de los seis estados del yo, lo que agranda la orquesta a doce integrantes.

SISTEMA DE CONDUCTAS NEGATIVAS Y POSITIVAS

SISTEMA NEGATIVO (NO - OK)			SISTEMA POSITIVO (OK)
Agresor autoritario, prejuicioso, desvalorizante.	**PC -** EL PERSEGUIDOR	**PC +** EL CONDUCTOR	Firme, serio, justo, correcto, ordenador.
Sobreprotector, meloso. Impide el desarrollo de otros.	**PN -** EL SALVADOR	**PN +** EL PROTECTOR	Afectuoso, nutritivo, cálido. Permitir vivir y disfrutar.
No informado o mal informado. Robotizado (programado por el Padre NO- OK o por el Niño adaptado NO- OK) Deshonesto, calculador.	**A-**	**A-**	Ético, informado, responsable, autónomo.
Egoísta, cruel, brutal, grosero. Manipulador.	**NL-**	**NL+**	Alegre, afectuoso, quiere disfrutar, siente emociones auténticas. Creativo, curioso, intuitivo.
Desvalorizado, temeroso, ansioso.	**NS-**	**NS+**	Disciplinado.
Agresivo, rencoroso, desafiante.	**NR-**	**NR+**	Rechaza injusticias y arbitrariedades.

Nuestro objetivo: ayudarlo a crear opciones

Con 12 músicos, muchas melodías son posibles.

Con frecuencia, la pobreza en los resultados de las negociaciones radica en la utilización de estilos obsoletos, inadecuados a la situación y poco flexibles, donde los negociadores usan rígidamente tan sólo algunos de sus estados del yo, en sus versiones inadecuadas.

SUAVE EN TODO	DURO EN TODO
• "Tenemos que hablar". • Insisto en mantener la amistad. • Empiezo con una posición razonable. • Hago concesiones para cultivar la relación. • Ofrezco.	• "No tenemos que hablar". • Insisto en mi posición. • Empiezo con una posición extrema. • Exijo concesiones como condición para mantener la relación. • Amenazo.
Estados del yo usados automática y repetitivamente.	Estados del yo usados automática y repetitivamente.
Padre nutritivo inadecuado. Niño sumiso inadecuado.	Padre crítico inadecuado. Niño rebelde inadecuado.

El objetivo general más importante de este capítulo es abrir la posibilidad de un mayor número de opciones de respuestas ante diferentes estímulos durante nuestras negociaciones.

En la vida en general y en las negociaciones en particular, uno de los secretos del éxito es la flexibilidad, es decir, tener la capacidad y los recursos para ampliar el repertorio de formas de satisfacer nuestros intereses.

Aunque las formas inadecuadas como regla general recomendamos no usarlas, todos los estados del yo, la información y los programas allí almacenados durante nuestra vida, son opciones y recursos a nuestra mano para responder a las exigencias de la realidad.

Durante nuestras negociaciones, conocerlos y ordenarlos como ordena un cirujano su instrumental, nos permitirá usarlos en el momento, de la manera y en la secuencia apropiada para conseguir nuestros objetivos más eficiente y elegantemente.

Nuestra recomendación: primero diagnostique, luego responda

Una de las recomendaciones generales de mayor universalidad en negociaciones es: *primero realice un diagnóstico, luego responda de la manera que considere más conveniente.*

Esta recomendación apunta a evitar uno de los errores más comunes, el de reaccionar, en lugar de actuar proactivamente.

La diferencia entre una respuesta y la otra implica la participación indispensable del Adulto en el período de diagnóstico de la situación, así como en la selección del estado del yo desde donde es más conveniente responder.

Reaccionar tiene más que ver con una respuesta automática, donde sin el procesamiento Adulto, alguno de los otros estados del yo engancha la «invitación» que nos hace la otra parte.

Frecuentemente en esta situación olvidamos nuestros objetivos y reales intereses, entramos en un juego diferente, donde el poder está fuera de nosotros, está en aquel ante quien reaccionamos.

Ante esa situación le sugerimos seguir los siguientes pasos:

Primer paso: ¿Quién está tocando ahora?

El primero de los pasos de la recomendación es reconocer, hacer diagnóstico de cuál de los estados del yo míos y de la contraparte están negociando en un momento dado.

Eric Berne describió cuatro medios para reconocer cuál de los estados del yo es el que está en control en un determinado momento, tanto el mío como el de mi contraparte, lo cual muchas veces es absolutamente fácil, pues la persona está expresando dicho estado de una manera prototípica y las cuatro herramientas diagnósticas se pueden usar y coinciden.

No obstante, otros casos pueden ser algo más complicados, especialmente si los cuatro elementos diagnósticos no coinciden o, como sucede durante las negociaciones, no podemos tener información de alguno de ellos cuando se trata de nuestra contraparte.

Diagnóstico conductual: está basado en la observación de los signos de conducta, especialmente las palabras, el tono de voz, la expresión facial, los gestos y la postura corporales.

Estados del yo	SIGNOS DE CONDUCTA				
	Palabras	Tonos de voz	Expresión facial	Gestos	Postura corporal
PADRE CRÍTICO	Deberías... Tienes que... Vergüenza.	Imperativo. Crítico. Burlón.	Ceño fruncido. Comisuras de labios hacia abajo.	Dedo acusador. Brazos cruzados. Puños en las caderas. Mandíbula levantada.	Tronco erecto (pomposo. arrogante).
PADRE NUTRITIVO	Pobrecito... Eres capaz. Cuenta conmigo. Te felicito.	Lastimero. Cariñoso. Cálido. Cordial.	Sonriente. Comprensiva. Comisuras hacia arriba.	Brazos abiertos. Brazos que rodean, o se apoyan sobre la cabeza u hombros.	Tronco arqueado hacia los otros.
ADULTO	Es correcto. ¿Por qué? Los datos indican que...	Uniforme. Modulado.	Serena. Alerta. Concentrada. Labios horizontales.	Mano sostiene mentón (posición de teléfono). Dedo índice hacia arriba.	Erguido sin tensión, natural. Inclinado sobre objetos.
NIÑO LIBRE	¡Ufa! ¡Qué lindo! Me gusta. / No me gusta. Quiero / No quiero.	Fuerte, sonoro. Inocente. Cargado de emoción.	Muestra sus emociones (rabia, tristeza, alegría, etc.). Cambiante con las mismas.	Desinhibidos, espontáneos. Piernas separadas.	Libre. Estirado. Relajado. En el suelo.
NIÑO SUMISO	Por favor. Voy a tratar. No sé si podré. Tendría que... me cuesta.	Plañidero. Sumiso. Lloroso. Sube y baja.	Temerosa (evita mirar a los ojos). Baja la vista. Labios temblorosos.	Se tapa. Se retuerce las manos. Hombros encogidos. Tensión general.	Contraído. Encorvado.
NIÑO REBELDE	Qué me importa. No se me da la gana. Ya voy. Ya voy... (no va).	Desafiante. Hostil.	Provocativa, desafiante. Labio inferior apretado.	Aprieta los puños. Saca pecho. Patalea con el pie. Se encoge de hombros.	Tronco sacando pecho, desafiante.

Diagnóstico social: está basado en los estados del yo que presentan aquellos que rodean a una persona, en respuesta al de ésta. Por ejemplo, al observar qué estado del yo presentan los colaboradores de alguien en una empresa cuando negocian con él internamente, podríamos hacer diagnóstico de cuál es el estado que más probablemente presenta el jefe en esas negociaciones.

También, si durante una negociación tengo noción de cuál es mi propio estado, es posible que pueda deducir cuál es el de mi contraparte que lo puede estar generando.

Diagnóstico histórico: está basado en los recuerdos que el momento que está viviendo trae a la memoria de la persona, como escenas de su niñez o modelos de otras personas que está imitando con sus conductas actuales.

En el contexto de las negociaciones, se trata evidentemente de una herramienta válida sólo para un diagnóstico intrapersonal, ya que no es aconsejable preguntarle a su contraparte: ¿recuerda qué familiar suyo era tan testarudo y gritón?

Sin embargo, su valor no es para nada despreciable, especialmente en consideración de lo dicho cuando hablamos de diagnóstico social; es decir, cuando sabemos cuál es nuestro estado del yo, podemos deducir qué estado del yo de nuestra contraparte estamos invitando.

Diagnóstico fenomenológico: está basado en lo que la persona siente y piensa en un momento determinado. Durante las negociaciones le caben las mismas consideraciones que para el diagnóstico histórico.

Para ayudarnos en esta tarea de diagnosticar para luego responder en nuestras negociaciones, es de invalorable utilidad conocer lo que llamaremos invitaciones especiales.

Cada estado del yo en el que una de las partes opera en un momento dado, invita especialmente a enganchar a uno (y a veces más de uno) de los estados del yo de la contraparte.

De esta forma es posible que si tengo claro cuál es el estado del yo en el que estoy funcionando en un momento dado, pueda prever qué estado del yo de la otra parte estoy invitando a responder.

De igual manera, de acuerdo con el estado del yo en el que me estoy enganchando a consecuencia de algo que la otra parte dijo o hizo, puedo diagnosticar desde qué estado del yo esa persona está operando.

a) El Adulto de una de las partes invita a menudo al Adulto de la otra.

> Ej. A1 ¿ «*Qué le parece comenzar la reunión estableciendo el propósito de la misma y cuál sería el producto final?*»
>
> A2: «*Muy bien, ¿qué le parece como propósito exponer y comprender los intereses de ambas partes y como producto una lista priorizada de los mismos?*»

b) El Niño libre de una de las partes invita frecuentemente al Niño Libre de la otra y en ocasiones al Padre crítico o al nutritivo.

Ej. NL1: «*¡Qué bueno estaría un cafecito ahora!*»

NL2: «*Sí, paremos un poquito y estiremos las piernas. ¿Qué te parece ir a comprar unos bizcochitos para acompañar?*»

PC: «*Che, ¿por qué no toman en serio la cosa? Ahora no es hora de cafecitos; estamos preparando una negociación importantísima*».

PN: «*¿Estás cansado? Es lógico, has estado trabajando fuerte en este caso. Descansa un poco, mientras nosotros ordenamos las cosas*».

c) El Niño sumiso invita frecuentemente al Padre nutritivo y al crítico de la otra.

Ej. NS: «*No sé, nunca entiendo bien la diferencia entre alternativa y opciones. Me parece que negociar no es para mí*».

PC: «*Eso es porque no prestas atención; siempre estás distraído*».

PN: «Permíteme que te explique. Alternativas y opciones son palabras que se usan frecuentemente como sinónimos, de ahí tu confusión».

d) El Niño rebelde de una de las partes invita frecuentemente al Padre crítico de la otra y en ocasiones al Niño rebelde.

Ej. NR: «*La verdad, me tienen un poco cansado. Ustedes saben que hay otros proveedores en el mercado; ustedes no son los únicos, así que...*»

PC: «*Eso fue un golpe bajo. Amenazar no es la forma en que se debe negociar*».

NR: «*Y para que sepan: clientes como ustedes sobran*».

e) El Padre crítico de una de las partes invita frecuentemente al Niño sumiso o al Niño rebelde de la otra.

Ej. PC: «*Ustedes son un poco desprolijos con los números y esto tiene errores. Son poco importantes pero errores al fin*».

NS: «*No puede ser. ¿Otra vez me equivoqué?*»

NR: «*Bueno, che, pero si no son importantes, ¿por qué no se dejan de andar buscando la quinta pata al gato*».

f) Otras veces invita al Padre crítico de la otra parte y juntos critican a un tercero.

Ej. PC: «*Y, usted sabe cómo son ahora los funcionarios. Uno no puede confiar en ellos para nada, y menos con los números*».

g) El Padre nutritivo si es adecuado invita al Niño libre de la otra parte.

>Ej. PN: «*Veo que se ha emocionado. Yo respeto su emoción. ¿Qué puedo hacer por usted?*»

>NL: «Le agradezco. Ya lo ha hecho con sólo escucharme. Me siento mejor».

h) Si es inadecuado lo hace frecuentemente con el Niño Sumiso y en ocasiones el Rebelde.

>Ej. PN: «*Todo lo que sabes me lo debes a mí. Yo te hice entrar en la compañía y te enseñé como a mi hijo. Creo que deberías estar reconocido y cuando te digo que aceptes el trato, es porque sé lo que te conviene*».

>NS: «*Bueno, no sé. Está bien. Si vos decís*».

>NR: «*Y a mí qué. ¿Te crees que por eso me vas a decir hasta qué ropa usar? Estás loco*».

Teniendo en mente las herramientas que acabamos de describir, especialmente si las cosas no van bien, las primeras preguntas a realizarse desde su Adulto son:

¿En qué estado del yo estoy operando?

¿Cuál es el que percibo en mi contraparte?

¿Qué está haciendo o diciendo que engancha este estado mío?

¿Qué estoy haciendo o diciendo que puede estar enganchando el suyo?

Segundo paso: cambiar el juego (de reactivo a proactivo).

Al igual que una de las formas de manejar nuestras emociones durante las negociaciones es reconocer que me estoy emocionando y ponerle nombre a la emoción, si hemos sido capaces de hacer la reflexión necesaria para diagnosticar qué estados del yo de ambas partes está negociando, habremos dado un gran paso para el control adulto de la situación.

El siguiente paso es determinar si los estados del yo en control son los adecuados y si la respuesta es no, cuál o cuáles de los estados del yo resultaría más conveniente para esta circunstancia.

En este caso las preguntas que sugerimos hacerse son:

¿Desde qué estado del yo será más eficiente mi respuesta para conseguir lo que quiero en estas circunstancias?

¿Qué debo hacer y decir diferente para cambiar el juego?

Elija entre las varias posibilidades de respuesta aquella que considere más adecuada y aplíquela.

Si para lograrlo necesita solicitar tiempo y salir por unos minutos para reflexionar y darle el control de la situación a su Adulto, hágalo, ese tiempo le reportará invalorables beneficios.

Tan solo a manera de guía general, en el cuadro siguiente expondremos algunas sugerencias de elección del estado del yo con el que responder, según el diagnóstico realizado de su contraparte:

«Ataque donde no se defienda»

SunTzu

Algunas veces, sin embargo, al enfrentarse a esta decisión, reconocerá que varios estados del yo pujan en su interior para tomar el mando.

Si su diagnóstico de la contraparte es	Le sugerimos usar
Padre crítico (que muchas veces esconde un Niño temeroso, resentido o triste).	Padre nutritivo al iniciar el intercambio. Adulto, confrontando asertivamente. Niño libre, expresando una emoción auténtica en forma adecuada.
Padre nutritivo inadecuado (pretende salvarnos).	Adulto separando relación de la sustancia.
Adulto.	Adulto.
Niño libre inadecuado (tomándose todo a broma).	Adulto y si no da resultado Padre crítico, poniendo límites.
Niño sumiso (inseguro).	Padre nutritivo para iniciar el intercambio y luego Adulto.
Niño rebelde.	Padre nutritivo buscando al Niño libre escondido y acompasando la emoción y luego Adulto.

En estos casos, al igual que en el de los diálogos internos y las incongruencias, le sugerimos usar la magia de la metaposición con el procedimiento de la silla vacía.

En realidad más que una silla vacía usted necesitará tres, una para cada estado del yo.

Colóquelas formando un triángulo y decida en cuál de cada una de ellas sentará a cada uno de sus estados del yo.

El objetivo será poner afuera, identificar y materializar sus partes internas, así como las diferencias de sus opiniones, en un ambiente seguro y establecer un diálogo entre ellas.

La recomendación más importante que le hacemos es: cuando se encuentre sentado en la silla correspondiente a un estado del yo, actúe realmente como esa parte y hable en primera persona del singular.

Desarrolle los diálogos rotando de sillas tantas veces como considere conveniente hacerlo.

Negocie internamente de la misma forma que lo harían tres (o más) personas en la vida real.

De este modo, usted podrá fijar límites entre las partes, crear opciones, elegir las mejores y llegar a acuerdos internos acerca de cuál es la mejor estrategia de intervención de sus estados en cada instancia, bajo el control Adulto.

Tercer paso: evalúe los resultados en su contraparte.

Utilizando nuevamente los signos de conducta del otro negociador, evalúe si lo que ha hecho ha dado el resultado esperado.

Si es así, adelante; de lo contrario, nuestra recomendación general es: *si una cosa no dio resultado, haga otra cosa.*

Usted cuenta ahora con un buen repertorio de posibilidades para lograrlo.

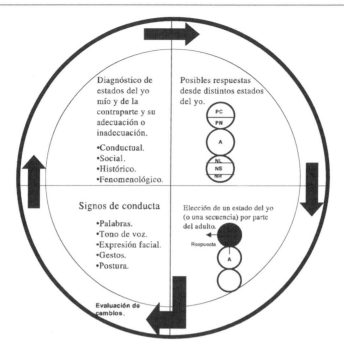

Practicar, practicar, practicar

En una oportunidad, un turista que visitaba una ciudad donde existía un importante museo dedicado a todos los deportistas famosos del mundo, le preguntó a un lugareño: «¿Qué debo hacer para llegar al museo de los famosos del deporte?»

El lugareño lo miró lentamente de arriba a abajo y le contestó: «Practicar, practicar, practicar».

Como cuando la gente aprende a andar en bicicleta o a conducir un automóvil, usted podrá cambiar sus conductas automáticas inadecuadas, pasando por un período en el que tendrá que pensar y tomarse su tiempo para resolver conscientemente.

Es posible que durante ese tiempo, tener que pensar cuál de sus máscaras y disfraces va a usar y en qué momento le parezca algo mecánico, le provoque alguna incomodidad y en algunas circunstancias hasta le resulte gracioso y algo excéntrico.

No obstante, es seguro que luego de ese período, como en cualquier otro proceso de aprendizaje, usted entrará en el período de competencia inconsciente, es decir, sin necesidad de prestar especial atención, su Adulto hará diagnóstico y resolverá adecuada y automáticamente el mayor porcentaje de las situaciones difíciles que se le presenten.

Si lo practica durante sus negociaciones, verá como valor agregado, que pronto estará usándolo para su beneficio en otras áreas de su vida, contribuyendo no sólo a mejorar el resultado de aquellas, sino su crecimiento personal.

Y para esa negociación difícil que tendrá próximamente:

Mi Padre le dice: *¡Adelante, usted puede!*

Mi Adulto le dice: *Prepárese bien utilizando todas las herramientas del libro.*

Mi Niño le dice: *De todo corazón, le deseo el mejor de los éxitos.*

Capítulo 6

¿Cómo resolver los conflictos?
¿Al estilo Bambi o al estilo Rambo?

Por qué aprender a negociar por principios

La forma habitual de resolver los conflictos

Cada persona, si se permite una rápida introspección, es capaz de tener una idea global de su forma habitual de resolver los conflictos y disputas en los que participa, sean estos laborales, familiares, sociales o de cualquier otra índole.

Cuando se dice forma habitual, se habla de una tendencia y significa que no siempre o no necesariamente en todos los casos, se hace de esa manera. No obstante, seguramente puede reconocerse una forma, patrón o estilo predominante de comportamiento, pensamientos, emociones y sensaciones.

Junto con esto, es seguro que también se tenga una autovaloración o autocalificación sobre si la forma de resolver conflictos es adecuada o inadecuada, si se es hábil o no, en ese campo. No siempre, pero con frecuencia, esta evaluación se origina en la percepción poco objetiva de las sensaciones y emociones que se experimentan antes, durante y después del conflicto.

En otros casos, es producto de las opiniones externas y del valor que a éstas se les atribuye.

En fin, ambos factores pueden combinarse en grados variables en diferentes personas. En todo caso, si la calificación es realizada de esta forma, estará también filtrada e influida por la opinión o valoración general que se tiene de sí (autoestima) y por las creencias relacionadas con la habilidad propia y la de los demás en el tema.

Los objetivos de este capítulo y del siguiente ejercicio son:

1. Ayudar a percibir la forma habitual de comportamiento ante conflictos.

2. Establecer el posible origen del estilo de cada uno y de los diferentes estilos clásicos de resolver conflictos.

3. Proponer una forma diferente de evaluar los comportamientos y un camino para el cambio, si ésta es la intención.

Ejercicio

Luego de leer las instrucciones del siguiente ejercicio, de ser posible, para realizarlo busque un lugar tranquilo y sin ruido, siéntese cómodo, afloje su cuerpo y cierre por unos minutos los ojos: todo le resultará más fácil y claro.

Aun cuando no pueda realizarlo en estas condiciones, sólo con leerlo percibirá lo suficiente como para contestar las preguntas que figuran a continuación.

Voy caminando por un supermercado y entre la multitud percibo una cara conocida. Descubro que es una persona con la que estoy en conflicto, con la que tengo un inconveniente pendiente.

A medida que se acerca, pasan por mi mente varias posibilidades sobre qué hacer, sobre cómo manejar esta situación y elijo una.

El momento ya pasó.

¿Cuáles posibilidades pasaron por su mente?

¿Cuál fue la que eligió en definitiva?

¿Cómo se siente o se sintió ante esa elección?

¿Qué relación tiene esta respuesta con su forma habitual de resolver problemas o conflictos y sus sentimientos ulteriores?

Genéricamente existen las siguientes probabilidades de comportamiento ante un conflicto:

1. Evitar.

2. Aplazar o postergar.

3. Encarar o afrontar.

1. y 3. están básicamente relacionadas con las respuestas clásicas y ancestrales del ser humano ante su agente o elemento de estrés.

Frente a una amenaza, el ser humano prehistórico, al igual que el actual, estaba preparado fisiológicamente para huir (escapar) o luchar (hasta eliminar la amenaza o morir).

A diferencia de hace miles de años, la civilización actual impone al ser humano la imposibilidad (real o imaginaria) de huir y también la de hacer uso de su tendencia a destruir el objeto de tensión. Mientras tanto, se multiplican las formas de conflicto.

A diario en el trabajo, en la calle, en la familia, en las actividades sociales, aparecen situaciones donde las necesidades interiores chocan con las de los demás. Si además se incluyen los diálogos internos (intrapersonales), donde a veces, de manera interminable, las ideas y sentimientos chocan, se evidencia entonces que, incluso en ausencia de estímulos externos, se es víctima del conflicto. La necesidad y la conveniencia obligan a encontrar nuevas formas de resolver las disputas; de lo contrario, el precio suele ser alto. Múltiples enfermedades psicosomáticas y aun la muerte pueden ser el resultado final.

En estas circunstancias, la habilidad para resolver adecuadamente los conflictos (suma de una serie de requisitos), se torna muy importante. Sin embargo, a pesar de su importancia, es frecuente que aún siendo adulto, el ser humano sólo tenga, un poco más refinadas las mismas herramientas con las que de niño aprendió a solucionar las diferencias.

Sin una adecuada valoración del tema, con poca información y entrenamiento, una y otra vez se repetirán programas obsoletos que logran escasos resultados, justificados con el pobre argumento de «yo soy así».

Evitar / aplazar / afrontar

Cualquiera de las posibilidades enumeradas (evitar, aplazar o afrontar), no es de por sí buena ni mala si su uso es parte de una estrategia y existe la flexibilidad para cambiar o combinarlas.

Evitar, en ciertas circunstancias, puede ser conveniente y adecuado, pero si se transforma en la manera habitual de intentar resolver conflictos, es casi seguro que los resultados serán objetivamente (si cabe el término en asuntos humanos) malos y de pobre satisfacción personal.

Aplazar es merecedor de iguales consideraciones, porque es pariente cercano de evitar. Si se transforma en un hábito, no resolverá los problemas y no se obtendrá ningún grado de satisfacción.

Afrontar parece a primera vista la mejor posibilidad, siempre y cuando sea posible conservar la flexibilidad para combinar estratégicamente esa opción con las anteriores, según la circunstancia.

Pueden distinguirse dos formas de afrontar un conflicto: el uso de la manipulación en sus distintas formas: poder, soborno, culpa y el uso de las habilidades negociadoras.

Manipular es utilizar alguna conducta o comportamiento básicamente deshonesto para conseguir algo que se quiere de otro sin pedirlo o dar algo a cambio.

A usar mecanismos de manipulación se aprende desde la infancia, de los mayores, quienes a su vez los aprendieron de los suyos. Según el papel básico asumido por los padres o tutores para «educar» (perseguidor, víctima, salvador o la combinación de ellos), será el mecanismo manipulador usado en cada caso (miedo, culpa, soborno).

Los perseguidores manipulan haciendo sentir miedo.

Las víctimas manipulan haciendo sentir culpa.

Los salvadores (sobreprotectores) manipulan con soborno.

Todos ellos usan para lograrlo los llamados bienes de intercambio: tiempo, afecto, reconocimiento, información, bienes materiales y servicios. Puede manipularse dando o quitando (administrando) cualquiera de ellos.

En el cuadro 6-1 aparecen algunas frases clásicas de cada tipo de manipulación con relación a cada bien de intercambio. El lector las reconocerá como usuales (algunas más que otras) durante su infancia y probablemente en su vida actual.

Mecanismo manipulador. Bienes de intercambio.	MIEDO	CULPA	SOBORNO
TIEMPO	Si te portas mal, te dejo solo.	¡Yo, que te di toda mi vida!	Si te portas bien, me quedo contigo.
AFECTO RECONOCIMIENTO	Si te portas mal, no te quiero más.	¡Yo, que siempre te quise tanto!	Si te portas bien, te voy a querer mucho.
INFORMACIÓN	Si te portas mal, no te cuento un cuento.	¡Yo, que siempre te conté todo!	Si te portas bien, te cuento un cuento.
BIENES MATERIALES Y SERVICIOS	Si te portas mal, no te traigo caramelos.	¡Yo, que siempre te di hasta lo que no tenía!	Si te portas bien te traigo caramelos.

Cuadro 6-1. Mecanismos de manipulación.

Las formas que adoptan estos mecanismos manipuladores en la vida adulta son diferentes, a veces mucho más sutiles que las que aparecen en el cuadro anterior, pues en negociaciones no es habitual un soborno de forma tan concreta como el caso del caramelo. Otras veces, son mucho más atrevidas. Una persona o nación amenaza con hacer uso de la fuerza (o la usa) de no concedérsele lo que quiere.

Como ejercicio y aproximación a la vida real, trate de ubicar en la matriz adjunta, marcando con una cruz en la casilla correspondiente, los ejemplos que se presentan a continuación.

Contexto general: un joven funcionario de una empresa descubre que su salario es más bajo que el de otras personas que entraron a la organización después que él y desempeñan cargos de igual jerarquía, por lo que decide solicitar un aumento de sueldo. Ante la solicitud de aumento, el gerente y dueño de la empresa responde:

◆ ¿Me pides un aumento de $ 5,000 ahora?

¿Me dices, págame o me voy, ya crecí, no te necesito más?

¿Es así como me pagas todos mis esfuerzos, todo lo que he hecho por ti?

¿Me haces esto a mí, que fui como un padre y que te enseñé todo lo que sabía?

Realmente me siento mal; creo que deberías ser un poco más agradecido y reconocer que aprendiste mucho de todos mis consejos. La verdad, esto me destroza.

◆ ¡Así que quieres hablar de dinero!

Está bien. Hablo de dinero todo el tiempo y si ese es el terreno donde nos tenemos que mover, veamos. Nos vamos a transformar en comerciantes y tendremos una discusión por pesos y centavos y si la amistad o el futuro queda por el camino, que quede. Luego no me digas que no te lo advertí; si abrimos esta negociación, otras cosas pueden abrirse.

◆ ¡Caramba!

Me pides un aumento justo ahora que pensamos abrir una nueva sucursal y nos preguntábamos quién de los jóvenes prometedores de la empresa sería el indicado para dirigirla. No sé, piénsalo.

Mecanismo manipulador. / Bienes de intercambio.	MIEDO	CULPA	SOBORNO
TIEMPO			
AFECTO RECONOCIMIENTO			
INFORMACIÓN			
BIENES MATERIALES Y SERVICIOS			

Cuadro 6-2

Por último, durante los conflictos o disputas habituales en las organizaciones, comunidades, familias o entre personas, las tres formas están presentes en grado variable. Si se presta atención resulta evidente su uso por todas las personas, una y otra vez, puesto que la característica más notable es la reiteración y, por ende, la poca creatividad aplicada.

Sin embargo, otra forma de afrontar los conflictos es a través de la negociación, un procedimiento que permite formas adultas y creativas de resolver disputas y que, en general cuenta, en la medida en que se realice adecuadamente, con más resultados satisfactorios para las partes que intervienen.

¿Cuál es su estilo?

Cuando se habla de negociar de manera adecuada o inadecuada, se hace referencia a la diferencia que existe entre negociar asertivamente y por principios y los estilos negociadores clásicos, blando o duro que, en general son una versión disimulada de «huida y ataque», que aquí hemos llamado estilo «Bambi» y estilo «Rambo», respectivamente.

UN NEGOCIADOR SUAVE: "BAMBI"	UN NEGOCIADOR DURO: "RAMBO"
Piensa que los participantes son amigos.	Piensa que los participantes son adversarios.
Su objetivo es lograr un acuerdo.	Su objetivo es la victoria.
Hace concesiones para cultivar la relación.	Exige concesiones como condición para mantener la relación.
Es suave con las personas y con el problema.	Es duro con el problema y con las personas.
Confía en los otros.	Desconfía de los otros.
Cambia su posición con facilidad.	Mantiene tercamente su posición.
Hace ofertas.	Amenaza.
Da a conocer su última posición.	Engaña respecto a su última posición.
Acepta pérdidas unilaterales para lograr un acuerdo.	Exige ventajas unilaterales como precio del acuerdo.
Busca la única respuesta: la que los otros aceptarán.	Busca la única respuesta: la que él aceptará.
Insiste en lograr un acuerdo.	Insiste en su posición.
Trata de evitar un enfrentamiento de voluntades.	Trata de ganar en un enfrentamiento de voluntades.
Cede ante la presión.	Aplica presión.

Cuadro 6-3. Estilos negociadores.
Fisher, Roger y William Ury. *Getting to yes: negotiatingagreement witthoul giving* fu, Houghton Mifilin Co. Boston. 1981.

Estilos negociadores y posición existencial

Muchas veces el estilo es el reflejo de una postura básica ante el mundo; está íntimamente relacionado con una posición existencial. Aunque el nombre es llamativo, el concepto es sencillo.

Posición existencial es la forma cómo cada persona se percibe a sí misma y con relación a los demás, ya sea en pensamientos, imágenes o sentimientos. Es, en suma, un concepto de la valoración que cada uno hace de sí mismo y de los demás, algo parecido a lo que se conoce como autoestima.

En función de cómo ha sido «programada» por sus padres, tutores, maestros, hermanos, etc., una persona puede pensar de sí misma (a veces en forma consciente y otras no tanto), que no vale, que no es capaz o inteligente, que no tiene suerte o éxito, que debe intentar agradar a los demás.

Esta postura llamada desvalorizada, es seguramente la adoptada por gran mayoría de personas, exponen una baja autoestima en forma abierta; yo estoy mal —tú estás bien (- +). Es frecuente que su estilo negociador sea típicamente blando y que la filosofía básica, así como los resultados de sus negociaciones, sean perder/ganar.

En otros casos, por el contrario, una persona puede pensar de sí misma que es más capaz, inteligente, exitosa y merecedora de respeto y reconocimiento que los demás, a quienes considera inferiores y menos dotados; yo estoy bien —tú estás mal (+ -). Sienten que nunca se equivocan y que si algo falla, no es su responsabilidad, sino culpa de alguien que no hizo lo debido. Esta posición llamada perseguidora, es el reverso de la desvalorizada.

En estos casos, la baja autoestima está encubierta con una fachada de poder y rudeza, detrás de una armazón que resulta costoso mantener y que provoca iguales sufrimientos que la primera. Es frecuente que el estilo típicamente «duro», llegadas las circunstancias (ante un revés o fracaso muy importante), puede exponer conductas inversas y desvalorizarse. Su filosofía básica en conflictos, así como el resultado buscado en sus negociaciones, es ganar/perder, pero si ambos negociadores tienen la misma posición, es frecuente que las disputas terminen en perder/perder o en «quién pierde menos».

La intensidad de estas posturas no realistas es variable y va desde los grados leves, aparentes sólo en situaciones extremas, hasta aquellos personajes prototípicos que a la más mínima oportunidad y casi en todo momento exponen las características de su posición existencial.

Estos dos estilos negociadores y posiciones existenciales, aunque en realidad son las dos caras de una misma moneda, pueden ser percibidos socialmente de manera diferente.

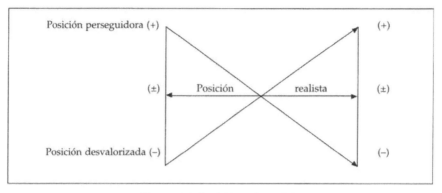

Figura 6-1. Posición existencial

Un estilo «Bambi» puede ser ocasionalmente percibido como conciliatorio y consensual, en especial, si todos los que están negociando se comportan de la misma manera. Lo que la experiencia indica es que se trata de un estilo de pobres resultados que llega a acuerdos que pueden ser justos y factibles, pero ineficientes, puesto que dejan «dinero sobre la mesa» (es una expresión que significa no haber obtenido todo lo posible) y son de pobre satisfacción personal (como lo es casi siempre la baja autoestima abiertamente expresada).

Los acuerdos son rápidos, pero realizados antes de haber explorado bien todos los intereses, o creado suficientes opciones con valor agregado, o analizado criterios de legitimidad para ponderar la justicia de las opciones, e incluso sin haber estudiado lo que las partes podrían hacer para satisfacer sus intereses, solos o con otros, pero fuera de la mesa de negociación.

Un estilo «Rambo» es, a veces, socialmente confundido con ganador, en especial, si negocia con alguien del estilo «Bambi». Sin embargo, cuando se contemplan resultados a mediano y largo plazo, la opinión puede cambiar, en particular, cuando queda en el camino un grupo de personas con sentimientos de rencor, remordimiento, revancha y resentimiento (las cuatro «r» del apocalipsis), que va a transformar a los «Bambis» malheridos en saboteadores silenciosos o en duros contendientes («Rambos»), cuando tengan oportunidad.

Más allá de estos sentimientos, quien «negocia» desde esta posición, con frecuencia siente insatisfacción al pensar que «podría haber sacado más» o que «a pesar de todo, puede ser que lo hayan engañado» o que «es poco para lo que él se merece».

Triunfalismo (o falso triunfo) no es lo mismo que ser un triunfador. La angustia ante la eventual posibilidad de perder (real o imaginaria), es pagada a veces con horas de insomnio, úlceras, infartos, o una vida familiar insatisfactoria, para no hablar de la reacción que alguien con este estilo puede tener ante una «nunca merecida derrota» de manos de quienes «nunca consideró sus iguales».

La *frontera de Pareto* permite expresar de forma gráfica y con claridad los resultados de las diferentes combinaciones de estos dos estilos negociadores *(Véase* figura 6-2).

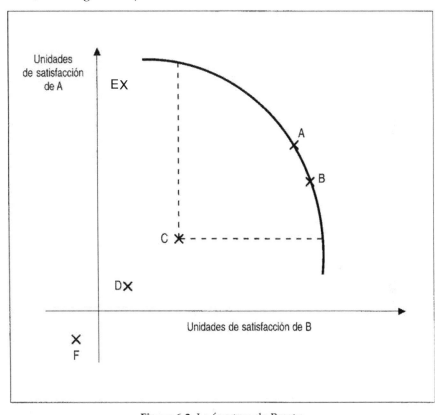

Figura 6-2. La frontera de Pareto.

Pareto, el gran economista italiano, señalaba que, en un mundo con recursos limitados, finitos, llega un momento en cualquier tipo de negociación donde un acuerdo realizado entre las partes logra el máximo nivel de eficiencia posible, medida en grados de satisfacción de las necesidades o intereses de ambos (punto A). En estas circunstancias, continuar la negociación sería hacerlo en el terreno de un «juego suma 0», es decir, si cualquiera de las partes quisiera algo más, debería hacerlo a expensas de una pérdida para el otro (punto B).

Cualquier otro acuerdo logrado dentro de la frontera (punto C), podría ser mejorado para cualquiera de las partes sin que el otro sufriera ningún tipo de perjuicio o, al contrario, pudiera lograr también algún beneficio adicional.

Dadas las características del estilo, lo que la experiencia indica es que cuando dos «Bambis» negocian es frecuente que los acuerdos sea factibles, justos, pero ineficientes para ambos (punto D).

Cuando un «Rambo» y un «Bambi» negocian, es frecuente que los acuerdos sean todavía factibles, pero son en general injustos y eficientes a corto plazo sólo para uno de ellos, por supuesto, el «Rambo» (punto E).

Cuando dos «Rambos» negocian, es posible que no se llegue a ningún acuerdo aun si existe una o varias opciones convenientes para ambos. Es frecuente que la medida del éxito en estos casos sea establecer quién perdió más o menos que el otro (punto F). Este sistema de medida recuerda más a la forma como se miden los resultados de las guerras que los de las negociaciones: cuántas bajas hubo y cuántas tuvo el enemigo. En este tipo de negociaciones, al igual que en los conflictos armados, es un contrasentido hablar de quién ganó, pues eso depende de con quién se compare.

Por último, una posición existencial realista, «yo estoy bien - tú estás bien» (+/-+/-), implica que un individuo reconozca que tiene defectos y debilidades sin degradarse, y virtudes y fortalezas sin creerse superior. De la misma forma, implica ser capaz de reconocer que los otros también tienen virtudes y debilidades, sin por ello idolatrarlos o degradarlos.

Esta posición es la única relacionada con una buena autoestima y seguridad personal y la que más favorece la posibilidad de desarrollar un estilo negociador asertivo, centrado en principios y basado en una filosofía ganar/ganar. Dentro de un estilo asertivo, los participantes solucionan conjuntamente un problema, pues su objetivo es lograr un resultado sensato en forma eficiente y amistosa.

Negociar por principios

Negociar con un estilo asertivo —ni duro ni blando— (propio de una posición realista), un estilo basado en principios, significa seguir algunos preceptos fundamentales, algunas máximas o proposiciones básicas que sirven de guía general de conducta en todas las negociaciones en las que se participa.

Cuando se habla de negociar por principios, se hace referencia a hacerlo utilizando como fundamento de las acciones, las siguientes ideas o recomendaciones generales:

- Separar las personas del problema: resolver el dilema de suave-duro. tratando gentilmente a las personas y con firmeza los temas de la esencia. No olvidar que «lo cortés no quita lo valiente». No hay que confundir las opiniones de las personas con su valor como seres humanos, no es recomendable confiar ingenuamente, pero aun en aquellas circunstancias donde lo indicado sea no confiar, es mejor ser confiable y tratar estos dos aspectos de forma independiente.

- Centrarse en los intereses, no en las posiciones: descubrir qué hay detrás de lo que la gente dice acerca de lo que quiere o necesita. Indagar para qué o por qué lo necesita; explorar sus verdaderas necesidades, lo que realmente quiere conseguir, sus deseos, sus anhelos, así como sus miedos, sus temores, aquello que teme perder. Evitar adoptar una posición extrema que no permita abrir opciones de solución.

- Inventar opciones de mutuo beneficio: separar el proceso de inventar y crear ideas, del proceso de decidir. Desarrollar múltiples posibles soluciones, buscar formas creativas (materiales y no materiales) de agregar valor, tratar de acercarse al límite de la frontera de Pareto. Decidir luego, combinando las ideas que aporten más a los intereses de las partes.

- Insistir en utilizar criterios objetivos: buscar un resultado basado en estándares legítimos, en criterios objetivos ajenos a la voluntad o el capricho de las partes. Discurrir y permanecer abierto a razonamientos sobre estas bases. No dejarse manipular o coaccionar, pero mantenerse permeable ante lo que es justo y objetivo; eso da más poder de persuasión.

Sobre estas bases, evaluar la habilidad negociadora que se posee significa, no sólo tomar en cuenta las emociones, sensaciones u opiniones externas (a veces distorsionadas por el prisma de una posición existencial no realista), sino analizar los resultados de cada negociación en virtud de un patrón de lo que debería ser un buen resultado.

Negociación: un buen resultado

Un buen resultado es aquel donde se logra un convenio que:

- Es mejor que nuestra MAAN (Mejor Alternativa a un Acuerdo Negociado).

- Deja los intereses satisfechos: los nuestros, bien; los de ellos, bien o al menos de manera aceptable; los de terceros, de manera tolerable.

- Es buena solución: no deja desperdicios; es la mejor de múltiples *opciones.*

- Es *legítimo* para todos, ninguna parte se ha aprovechado de la otra.

- Incluye *compromisos* bien planificados, realistas, operativos y funcionales.

- Muestra que el proceso es eficiente porque existe una buena *comunicación.*

- Ayuda a establecer o fortalecer el tipo de *relación de trabajo* deseada.

¿Por qué es conveniente negociar por principios?

Aprender a negociar por principios, adoptando un modelo realista y asertivo, trae beneficios porque:

- Ayuda a mejorar los resultados de los conflictos y la satisfacción personal con los mismos.

- Colabora a corregir la posición existencial (autoestima y visión de los demás), lo que facilita permanecer por más tiempo «realista». Aunque el camino inverso también es correcto, el mecanismo por el que este cambio sucederá, está basado en un principio de las escuelas psicológicas conductistas: «Si cambio lo que digo y hago, cambio lo que pienso y siento». El ser humano está equipado con programas que si actúa de manera consecuente y los resultados son buenos, comienzan a modificar otros programas internos.

- Las repercusiones de estos cambios serán seguramente generativas: de manera progresiva excederán el ámbito de las negociaciones o diferencias en el terreno laboral, para abarcar las áreas social, familiar, de crecimiento personal y de calidad de vida.

Capítulo 7

Nada bueno es gratis

Dime cuánto estás dispuesto a arriesgar y te diré cuánto puedes ganar

Si se pudiera clasificar a todos los seres humanos en un rango que fuera desde «una tendencia a correr el menor riesgo posible» hasta «una tendencia a correr el mayor riesgo», como forma habitual de comportarse en las negociaciones en las que participan, ¿dónde estaría ubicada la mayoría? ¿Dónde estaría usted?

Es probable que la primera respuesta sea «depende» y sería totalmente correcta. Podría añadirse que el comportamiento es variable y según las circunstancias, el tipo de negociación, el momento de la vida y muchas otras variables, y eso también sería cierto.

No obstante, lo que se pide es una gran generalización, una respuesta intuitiva, una opinión acerca de cómo se comporta la mayoría de las personas respecto a cuánto riesgo tomar en una circunstancia determinada. ¿Será que la mayoría de la gente tiene una tendencia a arriesgar o, al contrario, se actúa con frecuencia de forma conservadora?

¿Qué hace que la gente haga cosas?

Existen sólo dos estrategias de motivación.

El ser humano se mueve motivado por evitar el dolor, el displacer, la incomodidad, el fracaso, el estrés, o las pérdidas de cualquier tipo; o para conseguir lo que provoca placer, éxito, comodidad, logros, bienes materiales, etcétera.

Ambos mecanismos son realmente útiles y necesarios, puesto que en la vida de cualquier ser humano existen situaciones, personas, lugares, acciones y hasta formas de pensar, que es mejor evitar, así como lugares, personas, situaciones, acciones y pensamientos que realmente vale la pena tener, estar o conectarse. Todos estamos potencialmente dotados de ambos mecanismos de motivación.

Consideradas en conjunto, es de esperar que las personas estén distribuidas a lo largo de un continuo, con distintas combinaciones de ambas estrategias. No obstante, consideradas de manera individual, cada una tiende a usar más uno de los mecanismos mencionados, para manejar su vida.

Es seguro que en función del tipo de familia y la comunidad en la que se crezca, la educación, el tipo de cultura en la que se está inmerso, habrá una forma de motivación que influirá en la capacidad para asumir más o menos cantidad de riesgo. Por la misma razón, estos patrones o estrategias de pensamiento aparecen en distintos contextos, e influyen en el comportamiento en pareja, en familia, con las amistades, en el trabajo y, por supuesto, en las negociaciones.

Reformulo la pregunta: ¿Cuál es la motivación que mueve a la mayoría de los seres humanos?

- ¿Evitar perder lo que se tiene y se aprecia? o
- ¿Conseguir lo que se prefiere y se quiere?

Una forma de salir de dudas

Para contestar de una forma menos intuitiva y más científica (aunque no exacta) a esta pregunta, referida al campo de las negociaciones, se realizó un estudio del comportamiento de un grupo de personas que permitiera realizar una afirmación con un grado aceptable de certeza.

Cada taller básico de negociación que se realizó en CMI International Group, se comenzó con un ejercicio denominado «cotización de precios». El ejercicio es una sofisticada versión del clásico dilema del prisionero, creada por el profesor Roger Fisher y su equipo de colaboradores, en el *Harvard Negotiation Project.*

Todos los participantes pasan a integrar los directorios de dos empresas llamadas Alba y Batia, que comercializan petróleo a un país llamado Cápita. Estas dos empresas mantienen muy malas relaciones y no existe comunicación entre ellas.

La posibilidad que el ejercicio da a Cápita para comercializar el petróleo es vender cada barril a 10, 20 ó 30 pesos. Mientras ambos se mantengan dentro de esos precios de venta, ninguno eliminará al otro del mercado, ninguno venderá perdiendo dinero y ningún competidor podrá entrar en el mercado, debido a que los costos de transporte los harían menos convenientes. No obstante, como puede apreciarse en el cuadro 7-1, las utilidades de cada empresa, en cada mes del ejercicio, dependen del precio que ambas fijen. Si ambas fijan igual precio, ambas obtienen iguales utilidades, pero si fijan precios diferentes, aquella que fija el precio menor logra mayor utilidad que el otro equipo, en esa jugada. No obstante, el objetivo explícito del ejercicio es lograr las mayores utilidades posibles para su equipo, sin importarle las utilidades que logra la contraparte.

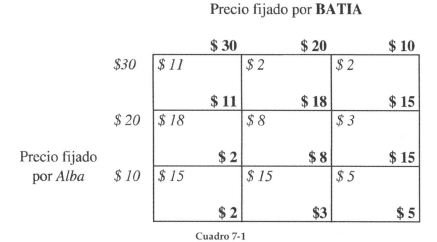

Precio fijado por **BATIA**

		$ 30	**$ 20**	**$ 10**
	$30	$ 11	$ 2	$ 2
		$ 11	**$ 18**	**$ 15**
	$ 20	$ 18	$ 8	$ 3
		$ 2	**$ 8**	**$ 15**
Precio fijado por *Alba*	$ 10	$ 15	$ 15	$ 5
		$ 2	**$3**	**$ 5**

Cuadro 7-1

Es claro que la posición donde un equipo corre menor riesgo de «ganar menos que la otra empresa» es 10 y la de mayor riesgo es 30, aunque en ningún caso, las organizaciones dejan realmente de obtener ganancia, o tienen realmente que desembolsar dinero. De acuerdo con las instrucciones, el mes anterior, al inicio del ejercicio, ambas empresas cotizaban a 20 pesos el barril. Esto deja a cada equipo, en la primera jugada, la posibilidad de:

a. Mantenerse cotizando a 20.

b. Asumir una posición conservadora, competitiva y cortoplacista, moviendo a 10.

c. Correr riesgo y conseguir mayores ganancias a largo plazo, jugando a 30.

La importancia de las suposiciones

¿Cuál es la elección lógica en esta primera jugada? ¿De qué depende la elección?

Como es de esperar, cuando se realiza el ejercicio con varios universos (varios pares de equipos negociadores), es posible observar, aunque con diferente frecuencia, equipos que comienzan jugando a 10, otros a 20 y algunos a 30.

Al comenzar la revisión, una de las preguntas que se hace a todo el grupo, luego de ver las diferentes formas de comenzar el ejercicio, es precisamente: si unos inician a 10, otros a 20 y otros a 30, ¿con qué cifra es lógico arrancar en esta primera jugada?

El tipo de movimiento y por tanto la lógica de realizarlo, depende de las suposiciones que cada grupo o directorio maneja y, en especial, de las que predominan al final.

Si el grupo supone que lo importante es:

♦ No perder con el otro o ganarle al otro.

♦ Jugar a corto plazo.

♦ No correr riesgo, protegerse.

♦ Creer que los otros están pensando como ellos y tampoco están dispuestos a correr riesgos, sino que quieren ir por debajo en cuanto se les presente la oportunidad.

Entonces, lo lógico es jugar a 10.

Si el grupo supone que lo importante es:

♦ Ganar más dinero para su país, sin importar si el otro también gana o gana más que él.

♦ Jugar a largo plazo, aunque pierda en esta jugada.

♦ Correr el riesgo, ya que la incertidumbre representa una oportunidad de aumentar ganancias en el futuro.

♦ Creer que la otra parte está pensando como ellos y quiere correr riesgos ante la posibilidad de mayores utilidades.

Entonces, lo lógico es jugar a 30.

En general, 20 es el resultado de suposiciones intermedias o la respuesta negociada de un grupo dividido. Por esta razón, este ejercicio es una excelente oportunidad para corroborar o descartar las hipótesis acerca del comportamiento de la mayoría ante una situación ambigua.

La mayoría tiende a... una estadística que apoya nuestras afirmaciones

Este ejercicio ha sido practicado por años a centenares de adultos y adultos jóvenes de ambos géneros, pertenecientes a distintas clases sociales, con diferentes grados de educación, profesión o tipo de trabajo, de diferentes culturas, en distintas partes del mundo, en especial en Europa, los Estados Unidos y Latinoamérica.

Cada ejercicio incluye no menos de tres universos constituidos por dos equipos cada uno, los que a su vez están integrados por no menos de tres personas ni más de cinco.

Aunque la respuesta respecto al comportamiento humano frente al riesgo está cimentada en esta larga lista, el estudio está basado en el análisis del comportamiento de 263 grupos y por tanto comprende entre 789 y 1,315 personas.

De acuerdo con este análisis, 55.1% de los grupos optaron en la primera jugada por la posición de menor riesgo (10); 31.2% mantuvieron una respuesta intermedia (20) y sólo 13.7% se decidieron por una posición de riesgo (30), aunque todos captaron desde el comienzo que las mayores utilidades se obtienen si ambos juegan a 30.

Dando respuesta a los puntos suspensivos del subtítulo, según el análisis estadístico de los resultados y todos los estudios experimentales realizados en distintas partes del mundo, la mayoría de personas tiende a moverse por la aversión al riesgo como programa básico de motivación, es decir, evitan el displacer, el dolor, la incomodidad o perder aquello que tienen y valoran, desde intangibles como el reconocimiento, hasta bienes materiales como el dinero o cualquier pertenencia.

¿Coincidencias?

Casi al mismo tiempo que este capítulo fue redactado, apareció publicado en el diario *El País* de Uruguay, un informe preparado por la firma consultora CIFRA/González, Raga y Asociados, realizado sobre una muestra representativa de personas de ese país, donde en grandes titulares decía: «68% elegiría un empleo público».

La pregunta realizada a las personas encuestadas fue:

suponga que está buscando trabajo y le ofrecen dos empleos. Uno es un cargo público, con sueldo no muy bueno, pero con estabilidad laboral. El otro es un empleo en el sector privado, mucho mejor pagado, pero más inseguro. ¿Cuál elegiría?

59% de los montevideanos y 80% de la población del interior del país prefiere un empleo público mal pagado que uno privado, mejor remunerado pero menos seguro. De este modo opina también 70% de los menores de 30 años. Sólo para 9% del total, sentir gusto por la tarea que se realiza es lo más importante que puede tener un trabajo.

La incongruencia como expresión de un conflicto interior

Un dato extra que resulta muy interesante, es que al comenzar la tarea grupal se instruye a los participantes, quienes dispondrán de diez minutos para decidir, en conjunto, cuál será su objetivo para el caso, la estrategia para lograrlo y, por supuesto, el precio del primer mes.

Al comenzar la decodificación del ejercicio, se le solicita a cada grupo que haga públicos sus objetivos y su estrategia.

Muchas veces los grupos expresan incongruencias como «obtener las mayores utilidades» como objetivo y «correr el menor riesgo posible» como estrategia.

No obstante, lo más interesante no es la incongruencia expresada, sino que 88% de los grupos enfrentados a este dilema (un objetivo de mejorar las utilidades y una estrategia de correr el menor riesgo posible), se decide por la posición de menor riesgo, moviendo a 10 y mostrando con la acción, cómo en definitiva resolvieron la incoherencia.

La reactividad como estrategia

El otro aspecto registrado como parte de la estrategia, por los grupos que juegan a 10, es «ver cómo mueve el otro». Casi 80% de los grupos que juegan a 10, incluye como parte de su estrategia «ver cómo mueve el otro». Como podrá comprenderse, con mucha frecuencia se enfrentan dos equipos que juegan a 10, ambos esperando a veces durante varias jugadas «ver cómo juega el otro», sin percibir que:

- El otro del otro, somos nosotros.

- El mensaje que envían, en casi ningún caso es interpretado como una conducta expectante, ya que han bajado de 20 a 10.

- Adoptan una conducta reactiva, en espera de la actividad de la otra parte y, por tanto, poniendo en los otros la responsabilidad y el poder.

Por otro lado, la mayoría (63%) de los que deciden arriesgar en la primera jugada, enviando el mensaje de subir a 30, si reciben 10 de la contraparte, se tornan también reactivos y en la siguiente jugada bajan a 10, o, en el mejor de los casos a 20, olvidando o dejando por el camino sus objetivos iniciales de máximas ganancias conjuntas.

Perseverar en el riesgo después del primer revés parece ser una condición menos frecuente, incluso que la de asumirlo de entrada, en una situación de incertidumbre. El factor que influye en la conducta, en este caso, es el segundo de los grandes temores (y motores): temor (aversión) a la pérdida segura (o supuestamente segura). En resumen, los arriesgados y perseverantes son una minoría.

Todo es relativo

Los conceptos de riesgo o pérdida son relativos, puesto que dependen del punto de referencia que se tome, el cual puede ser variable para diferentes personas en diferentes situaciones, o ser manipulado de acuerdo con las circunstancias.

Lo que se considera ganancia o ganar es también relativo al punto de referencia tomado, depende de la respectiva medida del éxito en las negociaciones donde se participa.

Si se toma como ejemplo el ejercicio de cotización de precios, diferentes equipos podrían definir el éxito de distintas maneras, con diferentes consecuencias en sus estrategias y acciones. Éxito podría significar:

- ◆ Ganar más que el otro equipo.
- ◆ No ganar menos que el otro equipo (no perder, el anverso de la misma moneda).
- ◆ Ganar algo más que el mínimo que permite el ejercicio.
- ◆ Ganar más de lo que se venía ganando hasta ahora (20/20).
- ◆ Ganar lo máximo que el ejercicio permite.

En realidad, los negociadores que comienzan el ejercicio con 10, así como los que después de jugar el primero a 30 y haber recibido a 10, a la siguiente jugada bajan su precio de venta, están seguramente pensando dentro de un contexto competitivo. En general, toman como punto de referencia el dinero ganado por el otro equipo, aunque el ejercicio señale que realmente no importa cuánto gane la contraparte.

Si se mira de nuevo el cuadro de utilidades, se nota que lo que la mayoría de los equipos percibe como perder, es realmente ganar menos que la contraparte. En realidad, también ganan dinero, debido a que es imposible un resultado negativo en el ejercicio.

Si, al contrario, se pudiera pensar en no competir con el otro, podría apreciarse, por ejemplo, que si se juega 30 en la primera jugada y se recibe un 10, jugar 30 en la segunda jugada y recibir otro 10, deja 2 pesos de utilidad; bajar a 10 en la segunda jugada y recibir un 10 de la otra parte, deja una utilidad de 5 pesos.

Es claro que no hay gran diferencia en las utilidades (3 pesos), ni se corre realmente un gran riesgo; excepto que la medida sean las ganancias que el otro equipo obtenga.

También es claro que, por poca que sea la diferencia en la utilidad, se pierde la oportunidad de enviar nuevamente el mensaje de ir 30/30 y ganar mucho más a largo plazo.

La sensación de perder que albergan aquellos que jugaron a 30 y recibieron 10, puede incluso verse agravada o incrementada, si además de tomar como punto de referencia o marco de pensamiento los puntos de más que el otro equipo ganó, los supuestos perdedores se sienten por alguna razón ofendidos o que han sido traicionados, engañados o sorprendidos en su buena fe por la otra parte.

Durante las negociaciones, estas emociones coadyuvan a que las supuestas pérdidas, por pequeñas que sean, se perciban como enormes ultrajes y justifiquen cualquier tipo de reacción.

Manipulación del punto de referencia

Un par de meses atrás, llegué al aeropuerto de Miami, procedente de Boston, en el vuelo que llega a las 21:50 p.m. Venía dispuesto a tomar el vuelo de las 10:40 p.m. a Santiago de Chile, que llega a esa ciudad a las 6:30 a.m., puesto que a las 9:00 a.m. del día siguiente, comenzaba un taller de negociación con una importante organización chilena.

Esa hora de llegada me daba tiempo suficiente para ir al hotel, darme una ducha, afeitarme, cambiar mi ropa y comenzar el taller a la hora acordada.

Al llegar al mostrador de la aerolínea, una gentil funcionaria comunica por el micrófono que el vuelo a Santiago estaba retrasado, y que no se sabía la hora de salida ni se conocía la causa de la demora. Una escena catastrófica apareció en la cabeza de la mayoría de los que estábamos en la sala de espera.

Acto seguido, varias personas se levantaron de sus asientos y se agolparon frente al mostrador. En medio del alboroto, la funcionaria anunció que había otro vuelo que salía a las 00:30 horas y que la aerolínea iba a hacer lo necesario para ubicar en él a todos los pasajeros del vuelo aplazado y que de ser posible, adelantaría unos minutos la salida.

La tranquilidad retornó a la sala y todos volvieron a sus asientos, muchos con un gesto de alivio, otros de satisfacción y otros ponderando y reconociendo su suerte y la buena gestión de la aerolínea.

Al ver aquello, me preguntaba qué hubiese pasado en esa sala si la funcionaria hubiera dicho por el micrófono: «Señores pasajeros, lamento comunicarles que su vuelo fue aplazado dos horas».

En realidad, para los del vuelo de las 10:40, eso fue lo que sucedió, tuvimos dos horas de demora. Sin embargo, todos parecían tranquilos, en lugar de estar amargados o enojados, aun cuando desconocían si aquello en realidad no fue sólo una estrategia de la compañía aérea para enviar un solo vuelo casi completo en lugar de dos casi vacíos.

¿Qué fue lo que sucedió?: un cambio en el punto de referencia.

Comparado con salir y llegar a tiempo, lo cual era la obligación de la aerolínea, dos horas de demora hubieran sido motivo de airadas protestas; comparado con la posibilidad de no llegar ni al día siguiente, dos horas de demora fue motivo hasta de elogios.

Para quien no participó en el ejercicio de cotización de precios, una prueba rápida

Suponga que hace un viaje de turismo a un país algo extraño en sus reglas aduaneras. Como en otros países, cuando alguien ingresa, después de pasar por los controles de inmigración, un funcionario de la aduana lo recibe. Lo novedoso es el sistema de ingreso al país que el funcionario expone.

«Para favorecer el turismo, le dice, el gobierno pensó este ingenioso sistema que voy a mostrarle. Usted puede ver ese gran tablero con una luz roja y otra verde que está a su lado. Pues bien, esas luces son accionadas con este botón. En este momento, usted puede decidir pasar la aduana sin apretar el botón y, en ese caso, el gobierno le obsequiará 20 dólares para que gaste libremente, tal vez en el taxi hasta el hotel. Si decide apretar el botón, 25% de las veces se prende verde y en ese caso recibirá del gobierno 100 dólares, pero 75% de las veces se prende la luz roja y en este caso no recibirá nada. En otras palabras, usted puede tener una ganancia segura de USD 20 o apostar con las luces, en cuyo caso, tendrá 25% de oportunidad de ganar USD 100 y 75% de no ganar nada. ¿Qué elige?»

Esa es la pregunta que se le pide contestar.

Ahora bien, después de disfrutar de su estadía en ese país, a la salida se encuentra que las sorpresas no terminan. Después de pasar los controles de inmigración, se encuentra de nuevo con el funcionario de aduana y su tablero de luces esperando a los turistas. Cuando le llega su turno, el funcionario le explica otra vez el ingenioso y nuevo sistema de salida del país.

«Ya conoce nuestro tablero de luces, ¿verdad? Pues bien, ahora puede decidir si desea pasar sin apretar el botón, en cuyo caso, deberá pagar un impuesto de salida de USD 20, o apretar el botón. Si decide oprimir el botón, 75% de las veces se encenderá la luz verde y podrá pasar gratis y 25% de las veces se encenderá la luz roja, en cuyo caso, deberá pagar USD 100 de impuesto. ¿Qué decide?»

Esa es de nuevo la pregunta.

De acuerdo con la experiencia y la gran cantidad de investigaciones realizadas, la mayoría de las personas, frente a la primera situación elegirá la ganancia segura de USD 20, motivados por el fenómeno llamado aversión al riesgo, aun cuando el valor esperado de la segunda opción es de USD 25, es decir, algo más que los USD 20 recibidos por no participar.

La expresión «valor esperado» es un concepto relacionado con la herramienta de cálculo de probabilidades y el árbol de decisiones.

Si decidiera oprimir el botón, el valor esperado sería de USD 25 porque tiene 25% de probabilidades de ganar USD 100 y 75% de probabilidades de no ganar nada, de donde:

Valor esperado = (25%. USD 100) + (75%. USD 0) = USD 25

Este valor no significa que, en una jugada específica, vaya a recibir US$25. Lo que USD 25 representa es la cantidad de dinero que recibiría como promedio en cada oportunidad, si apretara el botón un número considerable de veces (n).

De esta manera, si elige asegurarse los USD 20, evitando conservadoramente la posibilidad de irse sin nada, cederá la oportunidad de ganar USD 100, por menos del valor esperado. Pero si está más orientado a las oportunidades o tiene en mente que desea conseguir algo, para lo cual USD 100 sería muy bueno, pero no los USD 20, no cedería su oportunidad por este precio.

El valor esperado, obtenido en función de las probabilidades, es entonces un punto de referencia para comparar el costo de actuar, con el beneficio que percibirá en condiciones de incertidumbre, es decir, en condiciones que, como las del ejercicio, no hay certeza.

La experiencia y las investigaciones indican también que, la mayoría de las personas, ante la segunda situación (no oprimir el botón y pagar USD 20 u oprimir el botón y tener una posibilidad entre cuatro de no pagar) elegirían oprimir el botón y apostarían para evitar una pérdida segura, motivados por el fenómeno llamado aversión a la pérdida.

En conclusión, muchas más personas estarían dispuestas a apostar (arriesgar) para evitar las pérdidas, que las que estarían dispuestas a apostar (arriesgar), para conseguir una ganancia (Khaneman y Tversky).

Las consecuencias de estos patrones

Cualquiera de estos patrones de pensamiento y comportamiento tiene su sentido y su razón de ser.

Es cierto que durante la vida de una persona existen posiciones, lugares, personas, situaciones, acciones y hasta pensamientos peligrosos, dañinos, negativos, que es mejor evitar, así como posiciones, lugares, personas, situaciones y pensamientos maravillosos, positivos, agradables, que es conveniente conseguir, buscar, contactar o tratar de tener o vivir activamente.

Es también cierto que ambos mecanismos pueden conducir al éxito social de las personas. Si bien una estrategia basada en conseguir lo que se quiere (placer, premios, metas) es claramente más atractiva, son bien conocidas y frecuentes las historias de individuos que han logrado fama y fortuna movidos por evitar en su vida adulta o evitarles a sus hijos, el dolor que ellos sufrieron en una niñez pobre y desgraciada.

Ambos mecanismos pueden combinarse adecuadamente para que los equipos negociadores logren sus objetivos de manera más eficiente. Frente a nuevas y creativas opciones para solucionar un problema complejo, es conveniente asegurarse de que sean los motivados por conseguir o buscar, (ir hacia...) quienes primero las analicen. Es importante dejar que ellos proyecten completamente los objetivos que pueden lograrse, hasta dónde puede llegarse. Cuando terminen de proyectar posibilidades, será conveniente pedir a los evitadores que critiquen las ideas, que digan cuáles podrían ser los potenciales problemas y qué podría impedirles conseguir las metas y objetivos propuestos. Ésta es la forma más productiva de utilizar ambas estrategias en la **solución creativa de problemas y de eso se trata negociar.**

Como en cualquier otro aspecto relativo a los seres humanos, si se consideran grandes grupos, algunas personas se ubicarán en los extremos de un rango; en este caso, entre la máxima aversión al riesgo y la máxima predisposición a asumirlo. Las personas ubicadas en, o cerca de esos extremos, presentarán los comportamientos prototípicos de su grupo y casi siempre usarán la misma estrategia de motivación, en su máxima expresión.

Llevados a sus extremos, cualquiera de estos patrones de pensamiento y comportamiento, tienen riesgos.

Arriesgar todo sin medir las consecuencias, confiando ingenuamente que todo se puede, que nada puede fallar, que no es necesario prepararse adecuadamente para la negociación, puede tener resultados catastróficos.

No hay casi ninguna otra situación emocional peor para tomar decisiones empresariales, que la euforia maníaca y **de eso también tratan las negociaciones: de tomar decisiones adecuadas.**

No obstante, en el polo opuesto, negociar movido por la aversión al riesgo y a las pérdidas posibles, puede llevar a las personas a hacerlo teniendo como medida de su éxito «no tener ninguna pérdida» o lo que es peor, «perder menos que el otro».

Aunque suene paradójico, hay riesgos desapercibidos o no calculados en esta conducta de evitar correr riesgo o no perder.

En general, los negociadores se tornan parcos a la hora de hablar de sus intereses y poco afectos a exponer opciones creativas para resolver el problema, por temor a que aquellas sean consideradas como compromisos y, algunas veces, por temor a algún otro problema que ni siquiera pueden imaginar (yo no sé qué, pero algo malo puede pasar).

Por otro lado, este patrón de pensamiento impide que los negociadores realicen la más mínima concesión, debido a que cualquiera es considerada una pérdida segura.

La exageración en la medida de las eventuales consecuencias de arriesgar puede cristalizar una negociación en un juego «suma cero» de pobres resultados (10/10), donde es imposible ampliar las posibilidades y donde en realidad todos dejan de ganar.

Ahora bien, aunque todas las personas cuentan con ambos mecanismos de motivación, combinados en grados variables, cada uno tiende a resolver la mayoría de las situaciones de su vida con uno de ellos. Como lo muestra la estadística del ejercicio y muchos estudios experimentales o investigaciones, como la de la firma consultora Cifra, la mayoría de las personas utilizan la estrategia de evitar, la cual conlleva para quienes la usan, algunos problemas adicionales a los ya mencionados:

   ♦ Debido a que el mecanismo de motivación para entrar en acción es el de evitar el displacer, sus incentivos para actuar son los problemas, las situaciones negativas y la incomodidad. Cuando estas condiciones son percibidas como distantes o no muy amenazantes, se pierde la motivación hasta sentir de nuevo la cercanía de un problema. Por esta razón, es común para aquellos que utilizan esta estrategia, tener una motivación cíclica.

◆ Dado que su mecanismo de motivación necesita de situaciones molestas, problemas o incomodidad, muchas de las personas que la usan tienden a sufrir considerables dosis de estrés, angustia, ansiedad y preocupación antes de actuar, lo que puede, en más o menos tiempo, afectar su salud física y mental. Conocer esto puede ser el primer paso para desarrollar su sensibilidad y aprender a responder a estímulos pequeños sin traumatismos.

◆ Debido a que su atención está principalmente centrada en lo que les disgusta, lo que no quieren, es frecuente, para quienes usan esta estrategia de motivación, no tener claro qué es en realidad lo que quieren, cuál es su objetivo en la negociación.

Negociar de esa manera es parecido a conducir un automóvil mirando por el espejo retrovisor. Por prestar atención a evitar el dolor, los problemas o el displacer, no se presta atención a dónde se va, o a dónde se quiere llegar.

Retornar a la flexibilidad y al balance en la toma de decisiones

Casi todos los futurólogos de empresas prevén que, entre otras cosas, los tiempos venideros exigirán en las negociaciones y en otros campos, dos condiciones que escasean: capacidad de tomar riesgo y proactividad.

Sin embargo, parece que la mayoría de personas que se dejan guiar por los programas básicos, tienen una tendencia opuesta.

En un futuro, donde la incertidumbre y el cambio serán posiblemente las situaciones más ciertas y estables, la flexibilidad y la maestría en el balance de las tendencias naturales serán premiadas con el éxito.

Cuando se habla de balance o equilibrio, no significa estar en medio; no se trata de tomar riesgo en 50% de las negociaciones en las que se participe y, en 50% restantes, actuar de forma conservadora. Balance significa tener la habilidad de responder con flexibilidad, de diferentes maneras, según las circunstancias, el contexto, las personas con las que se negocia. Significa volver a tener toda la gama de posibles combinaciones que se previeron para los mecanismos de evitar y conseguir.

Para ello, es necesario revisar y cuestionar algunos patrones habituales de comportamiento. Silenciosos y contundentes ellos dan respuestas a antiguos problemas (allá y entonces), con grandes generalizaciones que, a veces, ni siquiera son construidas con un criterio propio y que no son aplicables a una situación presente particular.

Entre otras cosas, los dichos y refranes familiares son la expresión de esos paradigmas que se han incorporado, casi imperceptiblemente, en la niñez y que continúan gobernando las acciones durante la vida adulta.

Más vale pájaro en mano que cien volando; más vale malo conocido, que bueno por conocer y, ante la duda, abstente, son algunos ejemplos que seguramente forman parte de los cimientos de la forma de pensar de la mayoría de los evitadores. Muchas de estas generalizaciones limitantes fueron incorporadas al biocomputador de cada uno, mucho antes de tener la capacidad de cuestionar su validez universal y, por eso, en su invisibilidad para el consciente radica su mayor poder.

Por esta razón, para retomar el mando de la toma de decisiones en las negociaciones, en primer lugar es importante tener conocimiento de sí mismo, saber cuál es la tendencia inconsciente, el metaprograma, al igual que los de aquellos con los que se negocia, para realmente sacar provecho de ese conocimiento.

- ◆ ¿Existe tendencia a ser adversos al riesgo, a lo desconocido, a las eventuales pérdidas, a los problemas? (Tendencia a evitar).

- ◆ ¿Existe tendencia a tomar riesgo, a buscar oportunidades, a exponerse a las posibles consecuencias y problemas que conlleva esa actitud? (Tendencia a conseguir).

- ◆ Existe tendencia a esperar que el otro actúe para luego reaccionar? (Reactivo).

- ◆ ¿Existe tendencia a actuar tomando la iniciativa y la responsabilidad de las consecuencias del modelo propuesto? (Proactivo).

- ◆ ¿Cómo se comportan con referencia a estas preguntas las personas con las que habitualmente se negocia?

Con seguridad que, intuitivamente, es fácil determinar a cuál de estos patrones o tendencias responde con más frecuencia cada uno y la gente con la que debe relacionarse y negociar (esposa/o, hijos, jefes, amigos, colaboradores, clientes, proveedores, vecinos, etc.), en especial, si están en alguno de los extremos respecto al riesgo.

Si cada uno conoce su tendencia, estará en mejores condiciones de balancearla, algunas veces, interna e individualmente; otras, configurando un equipo negociador que equilibre esa tendencia y aproveche las fortalezas de ambas; o procurando algún tipo de ayuda, consejo u orientación profesional.

Por otro lado, si se conoce la tendencia de las personas con las que se negocia habitualmente, se sabrá al menos cómo será conveniente presentar la información y las sugerencias que se hagan durante las negociaciones para lograr motivarlos o para tener más posibilidades de persuadirlos.

Así, si se estuviera negociando una opción con un evitador sería conveniente mostrarle primero todos los problemas que evitaría si la acepta y luego, los beneficios que podría obtener. Mostrar adecuadamente las consecuencias negativas de no llegar a un acuerdo, puede ser también parte de una estrategia de arranque.

Si en cambio se está en presencia de alguien orientado a conseguir lo que desea, más que a evitar los problemas, será mejor intentar persuadirlo de los beneficios futuros de la opción que se propone, que tratar de mostrarle, al menos inicialmente, las dificultades con la que se enfrentará si decide no negociar y acoger su alternativa.

Se sugiere utilizar como punto de referencia para prepararse, evaluar la marcha y el resultado de las negociaciones, una medida del éxito que prevenga de responder siempre con una tendencia habitual, con viejos estilos o movido sólo por las emociones. Una medida que sustituya los puntos de referencia que pueden ser manipulados o aquellos que llevan a resultados que no convienen en realidad.

Un buen resultado significa que lo que se negoció:

- Es mejor que la mejor alternativa de un acuerdo negociado (MAAN), es decir, es mejor que lo que podría haberse hecho solo o con una persona diferente.

- Satisface bien los intereses propios, los de la contraparte y los de terceros, de manera aceptable.

- Está basado en una opción creativa, con mucho valor agregado, que no deja dinero encima de la mesa.

- Nadie se sintió estafado, se ha usado para persuadir la legitimidad, los criterios objetivos y los estándares ajenos a la voluntad de las partes.

- Generó un compromiso realista, claro, funcional y operativo, donde todos los que participaron saben lo que tienen que hacer o no hacer, cuándo y dónde, y van a poder cumplirlo.

◆ Usó una comunicación eficiente y de doble vía.

◆ Mejoró la relación entre las partes, haciendo que cuando se tenga que negociar con la misma persona, sea más fácil.

De igual manera, se recomienda reducir razonablemente y dentro de lo posible, los elementos de incertidumbre de las negociaciones o la toma de decisiones complejas, mediante el uso de herramientas y asesoramiento adecuados, pues no se necesita apresurarse a decidir cuándo en realidad es conveniente y posible obtener información que ayude a reducir la zona de incertidumbre. La velocidad de la toma de decisiones en los mercados actuales se ha acelerado, obligando para no perder oportunidades, a resolver difíciles dilemas sin contar con toda la información que los negociadores hubieran deseado; sin embargo, tomar riesgos en forma innecesaria, tampoco es aceptable.

> *«Con la ayuda de herramientas derivadas en parte del análisis estadístico, de la teoría de los juegos y otras ramas del análisis cuantitativo, pueden estudiarse las situaciones el tiempo suficiente para poder especular adecuadamente».*
>
> Danny Ertel

La información que puede aportar un análisis probabilístico (como el realizado a manera de ejemplo sencillo en el test de la aduana), ayuda muchas veces a estructurar lo que se conoce y a disminuir el área de incertidumbre. Si bien nada ha podido -y posiblemente no podrá jamás- sustituir la experiencia, el sentido común, el criterio y la intuición en las negociaciones y la toma de decisiones, es necesario considerar en cada caso «el valor de conocer un poco más». Para mayor información acerca de este tema, se sugieren los libros *El arte y la ciencia de la negociación* y *Smart choices* del profesor Howard Raiffa.

En todo caso, frente a negociaciones complejas, es importante hacer un balance entre la inversión en tiempo y dinero para obtener la información y el aporte de ésta a la hora de tomar la decisión.

En algunos casos, invertir tiempo y dinero aclarará la situación y favorecerá una toma de decisiones con menor riesgo; en otros, sólo aumentará los riesgos o sumará otros nuevos.

> *«La invencibilidad reside en la defensa, las oportunidades de victoria, en el ataque».*
>
> SunTzu

«No elegiría al que huye, pero tampoco al que está dispuesto a enfrentarse a un tigre sin preocuparse de salvar la vida. Elegiría sin duda, a un hombre que considere el obstáculo con la prudencia debida y que prefiriese triunfar por la estrategia».

Confucio

Capítulo 8

El oscuro principio de la reciprocidad

Negociando con un lobo con piel de cordero

Agosto de 1992. Mi primo hermano, su esposa, mi esposa y yo decidimos pasar unas cortas vacaciones en uno de los lugares más bonitos del planeta: Cancún. México.

Llegamos de madrugada en un vuelo charter. Pocos minutos después, los suficientes para dejar las maletas en la habitación del hotel y ponernos la ropa de baño, todos estábamos ubicados en cómodas poltronas esperando que los primeros rayos de sol cobraran la fuerza suficiente para animarnos a darnos nuestro primer chapuzón en el Caribe.

Antes de que esto sucediese, uno de los mozos del hotel estaba junto a nosotros ofreciéndonos la posibilidad de una bebida o algo de comer. Luego de recibir el pedido, nos preguntó si estábamos interesados en visitar las ruinas de Tulúm y Chichen Itzá y el balneario de Xcaret, a lo que respondimos afirmativamente pues teníamos información de que aquellos lugares eran excepcionales.

La conversación se tornó muy interesante, pues aquel individuo comenzó a aconsejarnos sobre cómo era más conveniente realizar esas visitas, qué tipo de vehículo alquilar, dónde hacerlo, etc.; consejos que más tarde comprobamos que eran útiles.

Al mismo tiempo, nos obsequió con una especie de bonos para conseguir descuentos en la agencia de turismo y para el alquiler del vehículo. No obstante, lo sustancial de esta historia es lo que sigue.

Luego de haber generado un muy buen ambiente, nos dijo que como una cortesía, el hotel quería invitarnos (a nuestra elección) a uno de los desayunos o almuerzos de nuestra estadía y a que conociéramos las instalaciones para que las recomendáramos si quedábamos satisfechos.

Éste fue uno de nuestros primeros contactos humanos en Cancún, nuestro primer encuentro con un durísimo sistema de venta de tiempo compartido, una de las más lastimosas pérdidas de tiempo de nuestra vida y, para mí, uno de los ejemplos más claros de soborno colectivo que he visto y del que, aunque no compré, fui víctima.

Después de tomar el desayuno, mis primos, mi esposa, yo y no sé cuántos tontos más, entramos en una especie de tobogán interminable de exhibiciones de distintos tipos de habitaciones y servicios, en una cascada de vendedores cuya experiencia y habilidades crecieron de forma inusitada y que ofrecían desde presentaciones individuales a espectáculos colectivos, donde un centenar de personas aplaudían a las víctimas que supuestamente compraban una de las tres o cuatro últimas «gangas» que quedaban disponibles.

Con todo esto, un par de horas de nuestras cortas vacaciones se habían esfumado, dejándome un sabor amargo en la boca y una interesante enseñanza para el resto de mi vida, una que tal vez debí haber aprendido de mis mayores cuando me decían: «Cuando la limosna es grande, hasta el pobre desconfía».

El resorte secreto

No había recordado este episodio en años, hasta que leyendo un libro en un avión, comprendí los principios psicológicos (programas internos) a los que esta maniobra apelaba.

El libro era *Influence*, de R. Cialdini y el principio allí citado, al que quiero referirme, es el de la reciprocidad. Según Cialdini, genéricamente el ser humano está programado para que cuando otro le obsequia algo, sienta la obligación de recibirlo y a su vez la de retribuir de alguna forma lo recibido. De hecho, en portugués, la expresión gracias se dice «obrigado» (obligado). Este principio de reciprocidad tiene un sentido más profundo de lo que parece.

Muchos antropólogos y etólogos parecen coincidir en que este mecanismo es uno de los pilares de la vida en sociedad. Para convivir en sociedad hay que cooperar y compartir y nadie querría hacerlo si cuando da algo a otro, no fuera más o menos seguro recibir algo a cambio. En principio, ese «algo a cambio» significa algo parecido en valor, utilidad o características. Por ejemplo, si alguien invita a otro a cenar un par de veces, la lógica y la experiencia indican que es muy probable que, salvo alguna razón especial, en algún momento haya que responder a la atención. Si no se hace y no se da una explicación, es también probable que la otra persona se sienta molesta.

Ésta podría ser una de las razones por la que muchos parroquianos en bares y tabernas terminan la noche con una tremenda borrachera. Si alguien de un grupo de amigos invita la primera ronda de bebidas, cada uno de los otros siente que debe corresponder de igual manera y ordenar la suya, por lo que el grado de ebriedad final, en general resulta directamente proporcional al número de integrantes del grupo.

El efecto no es proporcional

La fuerza del principio es tal, que algunas veces puede ser usada para lograr (o intentar lograr como en el caso del relato) una retribución o respuesta diferente de su contenido y/o desmedida en cantidad o volumen, con el gesto inicial de la otra parte.

A veces basta con que el mozo de un restaurante pregunte en un tono amable: ¿Está todo bien? ¿Estaba rico?, para que en un gesto de reciprocidad, en ocasiones, hasta se duplique la propina.

En otro orden de cosas, es bastante común que personas que trabajan en departamentos de compras, jueces, directores de departamentos o servicios, etc., tengan prohibido recibir algún tipo de obsequio; por más pequeño que sea, de parte de un cliente, proveedor, etc. Quien haya impuesto esa regla, sabe que uno de los problemas de aceptar pequeñas atenciones es que el efecto del principio de reciprocidad muchas veces no tiene una relación directa con el tamaño o valor de la atención inicial, la que aparentemente puede ser insignificante. Quien impuso la regla presupone, con cierta lógica, que permitir que se acepten pequeñas atenciones, puede algunas veces salir muy caro.

Una variante de esta forma de solucionar el problema (prohibir aceptar alguna atención) es la que utilizan otras empresas, donde las atenciones que son recibidas por algunos de sus integrantes, son sorteadas o distribuidas entre todos, en un intento por lograr que nadie en particular sienta que debe reciprocidad al donante.

El mecanismo también funciona con las concesiones

Muchas personas se habrán preguntado cómo alguien que consideran amigo, le ha dado su nombre a un vendedor de cursos de inglés vía telefónica o de libros puerta a puerta.

Probablemente, luego de importunarlo por un rato, el vendedor le «concede» no insistirle en que le compre si le da una docena de nombres de posibles candidatos. Después le hace una segunda supuesta concesión, aceptando tres o cuatro nombres en lugar de una docena, número que en realidad era su objetivo.

El origen de la «traición» es el mismo principio de reciprocidad; una concesión se paga con otra. La base sociológica es la misma.

Para lograr que se concreten los objetivos del grupo o del sistema al que pertenecen, sea éste político, social, empresarial, deportivo, etc., los integrantes deben hacer algunas concesiones en sus intereses o aspiraciones individuales, que no estarían dispuestos a hacerlas si no existiera ese mismo sentido de reciprocidad que asegura un intercambio en este sentido.

Generalización: los cimientos del principio

Uno de los procesos universales con los que funciona el cerebro humano es la generalización, que es el mecanismo por medio del cual, a partir de una o varias experiencias, se extrae una regla general que actúa a manera de simplificador del pensamiento, un camino corto para la toma de decisiones rápida. Frente a una situación igual o similar, el cerebro ya no tiene necesidad de realizar todo el proceso de pensamiento para tomar una línea de acción, tiene una forma abreviada de hacerlo.

Es de por sí un mecanismo maravilloso sin el cual la vida sería muy complicada.

> *«A los cañones, pasarle, por detrás, a los caballos, por delante. De la cocina, bien cerca, de los superiores, bien lejos. Todo lo que se mueva, saludarlo y todo lo que esté quieto, pintarlo de blanco».*
>
> Recomendaciones para la sobrevivencia de un recluta.

Si no se generalizara, la vida sería imposible; pero generalizando, también se corren algunos riesgos. Un primer riesgo es sacar conclusiones equivocadas al hacer de una sola experiencia, no representativa del conjunto, una ley general errónea («el que se quema una vez con zapallo, cuando ve una sandía, la sopla» o «para la muestra, basta un botón»).

Alguien que al negociar por primera vez con asiáticos le fue muy mal y concluye algo como: «Con los orientales es imposible negociar, son todos inexcrutables», está experimentando una de las limitaciones de este proceso universal del pensamiento.

El otro riesgo es que aunque la regla general elaborada, a diferencia del caso anterior, sea acertada, se traten las excepciones de la misma manera o, incluso, no haya la capacidad de percibir, frente a una nueva situación, que se trata de una excepción.

El principio de reciprocidad, como todas las generalizaciones, puede ser eventualmente causa de problemas en las negociaciones, especialmente cuando se responde de manera automática, incluso cuando se esté siendo víctima de su uso distorsionado con el fin manipulador de sacar una ventaja (excepción) y no para el que realmente existe.

Manipular puede definirse como utilizar una conducta o comportamiento básicamente deshonesto para conseguir lo que se quiere. Se puede manipular haciendo sentir a los demás culpa por hacer o dejar de hacer algo, miedo por hacer o dejar de hacer algo o, en deuda por algo que se ha hecho o dicho (soborno).

Claramente, el mecanismo de manipulación involucrado en el ejemplo del comienzo es el soborno: dar algo o hacer una concesión haciendo sentir al otro en deuda y esperando a cambio un beneficio desproporcionadamente mayor y/o de naturaleza diferente.

El soborno es un lobo con piel de cordero

Aunque en una negociación cualquiera de los tres mecanismos o sus combinaciones pueden estar involucrados, el soborno es probablemente el más sutil.

Es mucho más frecuente que alguien se defienda, sintiendo rebeldía, ante quien pretende hacerle sentir miedo amenazándolo o ante los que poniéndose en un papel de víctimas, buscan hacerlo sentir culpable, que de aquellos que le han (supuestamente) obsequiado o dado algo, sea su tiempo, su reconocimiento, su afecto, información, bienes materiales o algún tipo de servicio.

Por otro lado, las maniobras de soborno combinan el poder de todos los mecanismos, ya que detrás de una falsa generosidad, apelan a la culpa que las personas pueden sentir si dejan de retribuir las gentilezas de las que han sido objeto y, en algunas oportunidades, al temor a las desconocidas consecuencias de dejar de hacerlo. He ahí su fuerza, su poder.

Hay que ser precavidos

Algunos de los sistemas negociadores (combinaciones de tácticas) más usados, incluyen en su base los siguientes mecanismos:

1. Favores y cuentas.

Es probablemente el abanderado, por cuanto su lema es explícitamente: «Te hago un favor si luego me haces uno a mí».

El Padrino, *la famosa novela de Mario Puzzo, inmortalizada por Marlon Brando, es la representación prototípica de este sistema. Alguien hace un favor y lo anota en un libro de cuentas esperando el momento oportuno para cobrarlo, por lo general, en forma diferente y desproporcionada.*

Distintos campos de la vida están propensos a este tipo de manejo, pero la política es tal vez donde su frecuencia es mayor, no sólo entre los políticos, entre partidos o sus fracciones, sino entre los políticos y sus electores en un camino de doble vía.

Riesgos.

Sin considerar aspectos éticos y morales de algunas de las negociaciones realizadas con este sistema, los favores y cuentas tienen el problema básico de la medida o valor asignado a cada uno. Dado que no se usan criterios de legitimidad ni estándares objetivos que sean ajenos a la voluntad o antojo de las partes, las percepciones subjetivas de cada participante y la frecuente intención de obtener un resultado desproporcionado por la concesión, termina muchas veces estropeando la relación.

2. Posiciones duras.

La clásica negociación por regateo implica, como principio básico, comenzar pidiendo mucho u ofreciendo muy poco, según del lado que se esté, para luego hacer una concesión en espera de una retribución de la contraparte. El objetivo es que a cambio de una concesión (que cada quien hará aparecer como muy generosa y como la última, antes de abandonar la negociación), es tratar de obtener una concesión al menos igual y de ser posible mayor de la otra parte.

Riesgos.

Entre otras cosas, los resultados de los regateos son arbitrarios, sin base en criterios de legitimidad y frecuentemente impiden que los negociadores se centren en actividades de ganancia mutua; los intereses de las partes no se exploran, ni se crean otras opciones que generen valor agregado. La comunicación es muy pobre y llena de tácticas, engaños y trucos acerca de los intereses, los límites y las posibilidades que cada negociador tiene. El regateo se transforma en un duelo o lucha de voluntades que termina por dañar la relación o malograr una negociación que sería conveniente para ambas partes. Si se concreta, no es raro que, posteriormente uno o ambos negociadores, se sientan estafados.

3. Cortejo y extorsión.

En este sistema, se mezcla la relación con la sustancia de la negociación. El objetivo es establecer una relación que permita obtener de la otra parte algo en la sustancia. Al igual que los «amables» consejos del amigo de la playa, buscan al mismo tiempo una reciprocidad no sólo diferente, sino desproporcionada.

En el ambiente médico es bastante común que los laboratorios farmacéuticos tengan identificados aquellos médicos líderes de opinión y usen con ellos esta táctica. En su versión más simple, cuando un nuevo medicamento sale al mercado y es necesario introducirlo en los *vademécum* de las instituciones y lograr que se use, pocas vías mejores que tomar a esos médicos, cuyas opiniones son de peso entre sus colegas y llevarlos a una presentación del producto en el extranjero, con todos los gastos pagados. Dichas reuniones incluyen, por supuesto, algunas fiestas de camaradería y visitas turísticas que crean un ambiente de afecto o al menos de buena disposición. A esto se suma, algunas veces, una ayuda para la realización de un trabajo de investigación y la donación de los materiales para realizarlo, que por supuesto incluyen el producto, así como las facilidades para su publicación.

Independientemente de que el producto sea bueno o no, conveniente o no, con estos «caballos de Troya» dentro de las organizaciones, es muy difícil para los administradores hospitalarios, al negociar la introducción del producto, resistir el embate de reciprocidad de aquellos previamente favorecidos, a cuya relación el laboratorio recurre cuando algo se les dificulta.

Riesgos.

El riesgo está ligado al hecho de confundir y por tanto sentirse obligado a intercambiar elementos de la sustancia por la relación. Con frecuencia los criterios de legitimidad no existen en estas circunstancias y hasta pueden perderse de vista nuestros verdaderos intereses, los de la otra parte o incluso los de terceros, como en el caso de los medicamentos.

4. Pacificación.

Algunos negociadores usan el mecanismo al revés y sobornan con la sustancia, es decir, hacen concesiones o ceden en la sustancia con la intención de comenzar o reconstruir una relación deteriorada o amenazada.

Riesgo.

El mayor problema es que este sistema tiende a premiar los malos comportamientos. La otra parte aprende rápidamente que lo que necesita es amenazar con romper la relación para que se haga una concesión, lo que genera un juego de extorsión, donde, al igual que en el caso anterior, sustancia y relación se confunden y se pierde de vista la negociación basada en méritos y criterios de legitimidad.

Primer paso: detectar la maniobra

El primer paso y tal vez el más importante para defenderse de cualquier tipo de manipulación o maniobra, es ser capaz de detectarla.

Para ello existen dos formas que son complementarias: una es conocer racionalmente su existencia; éste es el objetivo de este capítulo. No obstante, muchas veces no es suficiente conocer racionalmente la existencia de algo para percibirlo. La otra forma de detección son las emociones y sensaciones. Numerosos autores están revalorizando la importancia de las emociones y de las sensaciones físicas como una clase especial de alarma que avisa y previene problemas potenciales.

Muchas veces es el instinto el que avisa que se puede ser víctima de un juego y, aunque es posible que la intuición se equivoque, nada garantiza que la razón sea infalible.

Lo importante es complementar los mecanismos diagnósticos y usar el que dé la alerta con más anticipación.

Cómo defendernos

Si durante una negociación se reconoce una maniobra y aún se está a tiempo de hacer algo, algunas recomendaciones generales pueden ser:

en algunas ocasiones será conveniente hacer uso de una buena comunicación y describir asertivamente el juego para detener al jugador, poniendo al descubierto lo que pasa y buscar un acuerdo sobre un proceso negociador diferente.

En este caso se sugiere hablar a nombre personal, no por la otra persona. Decir qué es lo que se siente y qué es lo que se piensa que pasa, usando un tono de duda, sin atribuir ninguna intención a la contraparte; sin olvidar que:

1. Lo cortés no quita lo valiente.

2. Que aunque se use un tono gentil de pregunta o hasta una negación, la idea que se quiere trasmitir aparecerá.

3. La regla de la reciprocidad es el verdadero enemigo en este juego, no la persona que la usa.

A manera de ejemplo, yo podría haber dicho algo como: —Estoy seguro que con esta atención no es su intención que yo me sienta obligado a recorrer las instalaciones del hotel, ¿verdad? (Porque si es así, no voy a aceptarlo). La contraparte entenderá, aunque seguramente habrá reacciones variables que van desde la aceptación, pasando por la confusión, hasta el enojo (verdadero o falso).

Por otra parte se puede prevenir la activación del mecanismo e, igual que los departamentos de compras de muchas empresas, tomar la decisión de no aceptar atenciones de ninguna clase de aquellos con los que se negocia. Probablemente, en este caso, lo que se deba negociar es la aplicación de esta regla. El problema de esta decisión es que podría no diferenciarse una atención honesta de una deshonesta, una concesión legítima de una maniobra.

Otra posibilidad es buscar y usar criterios de legitimidad como escudo y medida de la reciprocidad, si corresponde. Tratar las atenciones recibidas como lo que son en realidad y no por lo que representan. La regla de la reciprocidad dice que una atención o favor debe retribuirse con otra atención a favor, pero no una manipulación con un favor. (La próxima vez tomaría el desayuno y le diría que si un día viene por mi ciudad, con gusto lo voy a invitar a un desayuno similar).

Al recapacitar sobre los verdaderos intereses de la situación, se descubrirá que a veces no corresponden con las atenciones que está recibiendo.

Explorar alternativas para conseguirlos ayudará a veces a no entrar en el juego. Tratar siempre por separado los asuntos de la sustancia (dinero, bienes materiales, fechas, condiciones, concesiones, etc.) y los que pertenecen a la relación (emoción, razón, comprensión, confianza, aceptación, respeto, etc.), es una guía invalorable en estas situaciones.

Por último, una de las recomendaciones más importantes es aprender de cada experiencia preguntándose: ¿Sabiendo lo que sé ahora, haría lo mismo?

Si la respuesta es no, la siguiente pregunta es: ¿Qué haría diferente?

Capítulo 9

Negociación: ¿ritual, actividad o juego psicológico?

¿Cómo administra usted el tiempo de sus negociaciones?

Estructurar el tiempo: una de nuestras «necesidades básicas»

Una de las necesidades básicas de los humanos es la de estructurar nuestro tiempo.

La forma en que cada quien lo hace diariamente y en el transcurso de su vida, es una combinación variable de seis posibilidades.

- Aislamiento.
- Rituales.
- Actividad.
- Pasatiempos.
- Juegos psicológicos.
- Intimidad.

Durante el curso de una negociación, incluida su preparación, sus participantes pueden transitar por cualquiera y a veces por todas estas formas de administrar el tiempo.

Lo que es seguro es que el resultado de dichas negociaciones será mejor o peor, según como ellas sean usadas o evitadas, el tiempo destinado en cada una, la secuencia en que se empleen y su adecuación a la situación.

Aunque estructurar o administrar son palabras que suenan a distribución racional de las horas disponibles de cada día, se refieren en este caso a la manera de llenar el tiempo del que disponemos, de modo que nos brinde la suficiente cantidad de «estímulos vitales».

Los estímulos vitales podemos entenderlos como las cargas de nuestra batería biológica, sin los cuales no tendríamos las energías para poder funcionar.

En cada momento del día, estaremos en alguna de las seis formas de distribución del tiempo y cada una de ellas se diferencia, entre otras cosas, por la intensidad del compromiso emocional; por tanto, en la diferente cantidad y calidad de estímulos recibidos o intercambiados.

Siguiendo un orden de compromiso emocional creciente, haremos una sencilla descripción de cada una de estas formas de estructurar el tiempo.

◆ Aislamiento.

Muchas veces, cuando estamos solos, estamos metidos en nuestros pensamientos y diálogos interiores. Estudiar, planear, leer una novela y escuchar música -aunque no necesariamente- son situaciones frecuentes de aislamiento. Otras veces, rodeados de muchas personas, estamos físicamente presentes, pero mentalmente ausentes, pensando en otra cosa o soñando despiertos. En ambos casos estamos en aislamiento.

◆ Rituales.

Los rituales son una de las características comunes de todos los grupos humanos y algunos de ellos son trasmitidos por generaciones y generaciones. Desde los más sencillos y cotidianos como un simple saludo, hasta los más complicados e infrecuentes como la ceremonia de coronación de un rey, todos siguen una serie de pautas repetitivas y previsibles. Una vez que un ritual da comienzo, cada nuevo paso es conocido, así como su terminación. Tal vez por esta condición, su valor en cuanto a estímulos sociales, aunque mayor que el del aislamiento, es pobre. No obstante, por su frecuencia, los rituales nos posibilitan una gran cantidad de intercambios.

◆ Actividad.

Cada vez que estamos involucrados en el proceso de conseguir algún objetivo, de lograr algo, estamos en una actividad. Aun cuando se trate de cepillarnos los dientes, jugar ajedrez o un partido de fútbol, así como de llevar adelante la más ardua de las negociaciones o el plan de trabajo más arriesgado de nuestra carrera profesional, siempre que el objetivo sea hacer o lograr algo, estaremos en una actividad. Los estímulos (reconocimientos) resultantes de las actividades, son por lo general más potentes que los de los rituales y básicamente están vinculados a los resultados obtenidos. Aunque un trabajo puede ser el escenario de cualquiera de las formas de estructurar el tiempo, genéricamente hablando, la actividad debería ser la forma predominante en ese contexto.

◆ Pasatiempos.

Algunas veces, dos o más personas llenan parte de su tiempo charlando acerca de algo sin que nadie tenga en realidad la intención de resolver algún problema. Aunque a veces parece que fueran a arreglar el mundo, las conversaciones de los pasatiempos son superficiales y giran alrededor de algún tema de interés común, más o menos entretenido.

Las reuniones sociales y las interminables tertulias de los bares son especialmente aptas para este tipo de estructuración del tiempo, pero a veces una reunión de trabajo supuestamente ejecutiva (actividad), puede transformarse en un pasatiempo. Es importante señalar que aunque frecuentemente denominamos con este término a los deportes, los juegos de salón o los de los computadores -dado que en todos ellos el fin es lograr algo (hacer algo)- están incluidos en la categoría de actividad. Tal vez la mayor importancia de los pasatiempos es que permiten a sus participantes determinar con quién o quiénes podrán entrar en un juego psicológico.

◆ Juegos psicológicos.

Los juegos psicológicos se llaman así porque tienen algún parecido a los juegos matemáticos o a los de azar. Todo juego psicológico tiene una serie de reglas, un comienzo, un desarrollo (donde cada jugador debe dar un paso alternadamente para que el juego progrese) y un final programado, en el que se produce un «ajuste de cuentas». Lo que los caracteriza particularmente, son los propósitos encubiertos, aunque inconscientes, de sus jugadores. Se trata de una serie de transacciones (intercambios sociales) aparentemente aceptables a nivel racional y social, pero que contienen dobles mensajes, es decir, una serie de mensajes subyacentes ocultos, a nivel psicológico. Estos constituyen el elemento más importante para determinar el resultado previsible o «beneficio» final, que es su propósito.

Detrás de una fachada socialmente aceptable, todo juego psicológico tiene una trampa oculta que procura -deshonesta, aunque inconscientemente- tomar ventaja de una debilidad de la contraparte. Aunque su nombre podría dar la idea de diversión, sus resultados nunca son divertidos, ya que van desde un simple sabor amargo, hasta la cárcel o la morgue.

◆ Intimidad.

Quienes participan de esta forma de estructurar el tiempo, comparten sus pensamientos, emociones y sensaciones, y lo hacen abiertamente, confiando y arriesgando al mismo tiempo. No existen aquí agendas ocultas; nadie pretende tomar partido del otro o de sus debilidades.

Las relaciones son directas, sin hipocresía ni dobleces y, aunque no siempre se trata de una experiencia agradable de sentir (por ejemplo acompañar a alguien en el dolor de una pérdida), no sólo estimula lo mejor de nosotros mismos, sino que invita a lo mejor de los otros. El sentido abrazo del reencuentro de dos amigos, una madre consolando a su hijo lastimado, un equipo de trabajo exitoso funcionando unido por esa sensación de complementariedad perfecta, pueden ser ejemplos de este tipo de relación. Cabe aquí la aclaración y diferenciación entre sexo e intimidad. Sexo es una actividad fisiológica, que en realidad puede llevarse a cabo en aislamiento, como un ritual, como una actividad, ser motivo de pasatiempos, ser parte de un juego psicológico o realizarse en intimidad. Así como el sexo puede tener lugar sin intimidad, la intimidad puede tener lugar sin sexo.

Estructurando el tiempo en nuestras negociaciones

Una negociación, como tantas otras situaciones frecuentes y complejas de la vida, es un buen escenario para que hagan aparición, combinaciones variables de las diferentes formas de estructurar el tiempo.

Las diferentes combinaciones dependerán mucho del contexto y del tipo de negociación del que se trate, pero también de la personalidad de cada una de las partes intervinientes, entendiendo por personalidad la forma en que habitualmente alguien piensa, siente y se comporta para satisfacer sus necesidades.

En casi todas las negociaciones existen momentos de *aislamiento*.

Durante la preparación, aun cuando nos preparemos en grupo, es frecuente que necesitemos, y es recomendable que nos proporcionemos, algunos momentos de reflexión personal e introspección. Escuchar nuestros diálogos internos, a veces producto de arduas negociaciones internas, suele ser bastante conveniente.

Otras veces, poder explorar nuestros reales intereses requiere un rato a solas con nosotros mismos.

En el transcurso de la negociación propiamente dicha, es posible que también necesitemos hacernos un espacio de aislamiento, en especial si percibimos que estamos entrando en emociones inconvenientes para nuestros propósitos, o nuestras «tripas» nos están dando algún mensaje que aún no sabemos descifrar.

Por último, una buena evaluación de resultados se beneficia de un tiempo variable de reflexión personal, donde podamos hacer un chequeo racional y metódico de lo actuado y también uno interno de nuestras emociones y sensaciones sobre los resultados y el proceso seguido.

Algunas negociaciones son sólo aburridos *rituales*.

Si bien prácticamente todas las negociaciones tienen algún ritual incorporado, como mínimo el del saludo, existen algunas formas que son puro ritual.

Una típica negociación por regateo participa por completo de la definición que hiciéramos de esta forma de estructurar el tiempo. Tiene una serie de pautas y reglas preestablecidas, una vez que comienza sigue un curso y pasos conocidos, y tiene un final previsible.

Comprador o vendedor comienzan con una «oferta», que de ser aceptada, se convierte en un compromiso y velada o abiertamente amenaza con su alternativa, no comprar o no vender.

La contraparte por su lado hace lo mismo. A esa primera oferta, excepto que haya sido tan disparatada que haya ofendido al otro negociador, seguirá una segunda, más baja o más alta, según provenga del vendedor o del comprador, que cada uno hará conocer como su «oferta final». La contraparte hará otro tanto.

Así se sucederá una serie de movidas donde los participantes del ritual se irán acercando a través de sucesivas «ofertas finales», «finales-finales» y «finalísimas» a un valor de posible acuerdo, no sin incluir en todas ellas la amenaza de retirarse a comprar en otro lado o venderle a otro eventual comprador, ambos frecuentemente inexistentes.

Excitante para unos, aburrido para otros, este ritual es el más frecuente en negociaciones de corto plazo y, tal vez, la única forma posible de negociar si estamos tratando de adquirir una artesanía en un viaje de turismo o una baratija en un mercado de pulgas, pero absolutamente inconveniente en negociaciones complejas, es decir, en negociaciones que se repiten en el tiempo, que incluyen múltiples partes y múltiples asuntos.

Muchas negociaciones abren espacios para *pasatiempos,* momentos para que sus participantes conversen acerca de cosas triviales. A menudo, en los prolegómenos de una negociación, cuando los negociadores están tratando de crear una relación y especialmente si no han planificado bien qué hacer para construirla, es posible que utilicen bastante tiempo en pasatiempos.

En estos casos, conversar sobre cosas intrascendentes alivia la tensión y ayuda a conocerse.

Otras veces, un grupo se reúne a preparar una negociación y por falta de organización o de un método y, en ocasiones por simple cansancio, se distraen en pasatiempos.

Por último, una negociación pasada es frecuentemente tema de conversaciones entre colegas, amigos o familiares. Si bien no existe nada de malo en ello, lamentablemente estos pasatiempos son un mal sustituto de una verdadera evaluación. La intención en estos casos no es aprender de los aciertos y errores, sino sólo comentar, consolarse o lucirse, contando lo ocurrido.

En ocasiones, en el transcurso de una negociación tienen lugar uno o más *juegos psicológicos* o la negociación es sólo una movida, una parte de un juego psicológico mayor.

Todo juego psicológico necesita por lo menos un par de jugadores, aunque pueden ser jugados por muchos, que desde distintos roles, desarrollan las diferentes etapas que lo componen. El juego es secuencial y progresa si la movida de uno de los jugadores (invitación), es respondida por el otro. Por el contrario, el juego se detiene si no hay respuesta.

Como en el deporte de la pesca, existen normalmente en los juegos psicológicos:

a) Un *cebo:* un gusano prendido de un anzuelo es la parte oculta y ulterior del estímulo, que apunta a enganchar una debilidad del otro, una parte vulnerable.

b) Una *flaqueza* y una *descalificación:* el pez piensa que será fácil devorar esa presa negando (descalificando) aspectos de la realidad como el anzuelo y el hilo.

c) Una *respuesta:* el pez responde a la invitación del cebo enganchado por su flaqueza y entra en el juego mordiendo el anzuelo.

d) Un *cambio:* cuando el pescador ve hundirse la boya, cambia su actitud y tira hacia arriba, entonces el aparentemente débil gusano deja aparecer el filoso anzuelo y el pez, en lugar de ser victimario se transforma en la víctima de la historia.

e) Un *seudobeneficio* o ajuste de cuentas: para el pez, la muerte; para el pescador, la alegría de haber pescado, excepto que al comerlo se trague alguna espina, pasando él de victimario a víctima nuevamente.

Un juego psicológico, para ser considerado como tal debe tener:

◆ Una serie de transacciones aceptables a nivel social o consciente.

◆ Una serie de mensajes ocultos, ulteriores, de nivel psicológico o inconsciente, más potentes e importantes.

◆ Un resultado final previsible, que es su propósito final.

◆ Básicamente, un juego psicológico, aunque inconscientemente, es deshonesto, pues pretende conseguir algo de forma manipulativa y no directa, es repetitivo, no genera una real solución o satisfacción a las necesidades o intereses de los jugadores y es dramático por las fuertes dosis de emociones y cambios de roles que se producen.

Algunos de ellos, los de primer grado, «quedan en casa» y son socialmente aceptables.

Los de segundo grado, trascienden el ámbito familiar o más cercano, comenzando a provocar daños a nivel social o comercial, mientras que los de tercer grado son realmente graves, pues por su intensidad, sus resultados finales a menudo terminan vinculados a un juzgado, la cárcel, un hospital o la morgue.

Los roles desde los que se puede participar son tres: perseguidor, víctima o salvador.

Estos tres roles, descritos por E. Berne, fueron representados por Karpman bajo la forma de un triángulo que desde entonces se conoce como **triángulo dramático.**

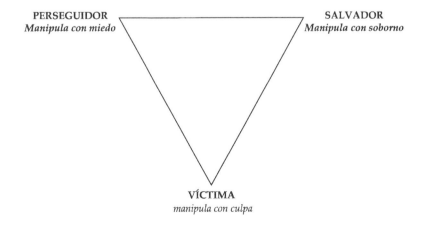

Cada uno de los integrantes de un juego que representan algunos de estos tres roles pretende conseguir lo que quiere a través de manipular al otro mediante el uso del temor, la culpa o el soborno.

Los perseguidores manipulan con miedo, necesitan que les teman.

Las víctimas manipulan haciendo sentir culpa, necesitan que las persigan o que las salven.

Los salvadores manipulan con soborno, necesitan que los necesiten.

No obstante, cada jugador comienza el juego en un rol; es condición de los juegos psicológicos que en las movidas sucesivas aquellos cambien de rol. Así, alguien que comenzó como perseguidor o salvador pasará a víctima o de víctima a perseguidor, etcétera.

Para ejemplificar lo dicho, les presentaré dos juegos psicológicos; el primero, uno de los juegos más comunes en la vida diaria, tomado del doctor R. Kertész y originalmente descrito por Berne con el nombre de «Sí, pero» y el segundo extraído de un caso real de negociación.

Los juegos psicológicos pueden durar desde escasos minutos hasta años, toda una vida o incluso más de una generación.

Ejemplo 1

En un grupo, la señora X dice: «Ya no soporto vivir con mi esposo, no sé qué hacer con él». (Éste es un estímulo aparentemente adulto y racional a nivel social, pero a nivel ulterior, oculto, hay un mensaje de desvalimiento y un pedido de ayuda encubierto, descalificando su propia capacidad de hallar una solución y poniéndose en el rol de víctima. Ese desvalimiento es el cebo para enganchar el salvador de alguno de los integrantes de la reunión).

El señor Y le responde, ya que su flaqueza es querer ayudar y dar consejos «salvando» a la gente: «¿Por qué no te divorcias?» (Si bien a nivel social esto parece una pregunta o una sugerencia, a nivel oculto descalifica la capacidad de la señora X de darle una solución al problema y lleva encerrado un consejo que, por otra parte, nadie pidió abiertamente. Es la fase de respuesta).

La señora X responde en forma aparentemente muy racional, suministrando información no aparente al comienzo: «*Sí, pero* mis hijos son muy chicos y yo no tengo trabajo». En forma oculta hay un claro rechazo del consejo y el cambio comienza a producirse.

Otros integrantes de la reunión o el mismo señor Y, continúan dando nuevas ideas o sugerencias que serán sistemáticamente rechazadas mediante la fórmula: «Sí, *pero...*»

La señora X, ha pasado de víctima a perseguidora y los salvadores han comenzado a sentirse víctimas del juego.

Después de una serie más o menos larga de transacciones, la señora X podrá cerrar desafiantemente con un: «Como ven, nadie puede ayudarme».

Como resultado final, la señora X quedará con una sensación de triunfalismo (o falso triunfo), pensando interiormente que nadie le dirá lo que tiene que hacer, y los consejeros, confusos o con rabia tal vez pensando que no se puede tratar de ayudar a nadie.

Ejemplo 2

Sean Brown y Frank Morton se conocieron con motivo de un proyecto que el primero había desarrollado para la firma International Shoes Inc., a través de la consultora ICC.

Brown era un reconocido técnico, de gran prestigio, docente universitario, que había desempeñado cargos de director de varios centros de informática de grandes organizaciones.

Morton era licenciado en administración, muy inteligente y con una capacidad de trabajo asombrosa pero un poco frustrado por no haber podido completar sus estudios de ingeniería. Trabajaba antes para una importante firma consultora internacional, la que dejó para integrarse a ICC.

El trabajo realizado en el proyecto fue muy exitoso.

Terminado el proyecto inicial, Brown continuó elaborando y realizando otros proyectos de trabajo como consultor independiente y al mismo tiempo desarrollando un novedoso programa de computación llamado Praxis, creado para servir como un potente instrumento de simplificación de cálculos matemáticos, aplicable a casi cualquier trabajo de ingeniería o construcción.

Mientras tanto, Morton continuó trabajando para la firma consultora ICC, donde fue creciendo en prestigio y poder hasta que, por diferencias con el presidente de la compañía fue despedido.

Creó entonces su propia firma consultora y comenzó a trabajar para un importante banco, donde al poco tiempo ingresó en el puesto de director del departamento de informática y donde en el transcurso de dos años se convirtió en el vicepresidente.

Un año más tarde Morton renunció al cargo, aduciendo que el negocio bancario era inmoral.

Otra vez sin trabajo, creó una nueva consultora, Practical Marketing (PM), con la que volvió a trabajar para otro importante banco del que fue nuevamente despedido, otra vez por diferencias con el presidente de la organización.

Mientras tanto, Brown había terminado de desarrollar Praxis, programa en el que Morton originalmente no creía.

Durante este tiempo, Brown y Morton habían mantenido algunos contactos profesionales y cierta relación personal no muy cercana, debido a que tenían estilos de vida bastante diferentes. Morton era ampuloso, afecto a crearse una gran imagen gastando grandes sumas de dinero en el alhajamiento de sus oficinas, autos, teléfonos celulares, etc., así como en sus vacaciones y diversiones, en cambio Brown era más bien austero y conservador.

En una de sus visitas a las oficinas de Brown unos meses antes de este último incidente, Morton había dedicado algunas horas a aprender algo de Praxis y en la situación en que se encontraba, le solicitó a Brown que lo ayudara dándole la distribución de Praxis.

Praxis estaba siendo embrionariamente distribuido por una pequeña firma, pero solo en el área de microprocesadores y en esa época estaba apareciendo el AS400, por eso, Brown decidió otorgarle la posibilidad de distribución a Morton.

Ningún contrato o convenio fue firmado, todo era entre gente conocida.

El primer año las ventas fueron muy buenas y en el segundo mejor aún, por lo que Morton se fue quedando con todo el mercado de Praxis.

Entre programas y servicios de mantenimiento, Morton llegó a vender más de 15 millones de dólares en el tercer año, generando muy buenos dividendos para Brown.

Al mismo tiempo, uno de los socios de Brown estaba intentando, sin mucho éxito, desarrollar el mercado europeo. Dado que realmente tenían mucho interés de introducir Praxis y sus servicios, aceptaron la propuesta de Morton para trabajar ese mercado.

Morton solicitó en este caso un contrato formal de representación exclusiva en ese país, necesario según él para poder captar eventuales socios locales y creó una compañía, Praxis Inc., con sede en Londres.

Como era su estilo, las compañías de Morton crecían vertiginosamente en número de personas, tamaño de las instalaciones, lujo del mobiliario, vehículos, etc., lo cual Brown no veía con buenos ojos.

Por otro lado, Brown había comenzado a notar algunos cambios en Morton.

La relación de Morton con su esposa andaba bastante mal y eran del dominio público sus alocados amoríos con una de sus jóvenes asistentes.

La relación con Brown también estaba cambiando y a diferencia de cierta admiración inicial y reconocimiento de su capacidad intelectual, ahora eran frecuentes algunos episodios tensos, como el que ocurrió durante la reunión anual de la empresa con sus clientes, de la cual Morton se levantó enojado y se retiró sin dar ninguna explicación.

No obstante, como las cosas iban bien, cuando Morton les propuso firmar un contrato de acuerdo de distribución nacional por tiempo ilimitado y de representación exclusiva para su propio país, Brown lo firmó casi sin mirar, aun cuando no se establecía en él ningún tipo de objetivo o meta de ventas.

A partir de allí las cosas cambiaron.

La organización creada en Europa no funcionaba bien y los pagos de Practical Marketing que antes habían sido realizados religiosamente en las fechas establecidas, comenzaron a demorarse y hasta suspenderse por meses, generando una deuda de más de US$ 400.000.

Ante los requerimientos de pago de Brown, Morton aducía que estaba poniendo las cosas en orden desde el punto de vista fiscal y legal, y que no se preocupara, que el dinero estaba guardado.

Durante uno de los viajes de Brown a Londres, Morton generó un molesto y violento incidente en un restaurante, respecto al nombramiento del CEO de la Praxis Inc. y luego otro en el aeropuerto internacional con la funcionaria de una aerolínea, que tuvo como origen la cancelación de los vuelos por mal tiempo.

Nuevamente hubo una situación difícil y más violenta aún, cuando con motivo de la feria internacional de software realizada en Amsterdam, Brown le manifestó su desacuerdo con un costosísimo stand que Morton había instalado en aquella. Morton no sólo se enfureció, arrojando objetos contra las paredes, sino que amenazó con ir a destruir el stand cuando estuviese funcionando en plena feria.

Como las cosas iban de mal en peor y Brown tenía especial interés en hacer buenos negocios y bien las cosas en el mercado europeo, decidió ofrecerle a Morton la compra de Praxis Inc., y éste aceptó.

El contrato de compra-venta se firmó por el 10% de las cifras de ventas de los primeros tres años, más el levantamiento del vale por USD100.000

con vencimiento a un año que Morton había solicitado en un banco, pasando Brown a tomar control administrativo y comercial inmediato de la compañía en Londres.

Varios meses después, dado que las deudas generadas por Practical Marketing no eran saldadas y con el deseo de terminar con la relación, Brown decidió intimar el pago, bajo apercibimiento de anulación del acuerdo, según se mencionaba en una de sus cláusulas.

Morton decidió entonces pagar parte de la deuda, pero meses después, Brown se vio obligado a hacer una nueva intimación, recibiendo en este caso un estado de resultados por parte de Morton, donde según sus cálculos, Brown le estaba debiendo a él U$S 75.000. Transcurrido el plazo de 60 días posteriores a la intimación, plazo en el que se preveía la anulación del contrato, Brown decidió abrir una nueva compañía distribuidora local y, además, aunque había trascurrido más de un año de la firma del contrato por Praxis Inc. no pagar a Morton lo adeudado por la compra de aquella pues según sus cálculos, Morton le debía más dinero, que él a Morton.

A todo esto, el Banco responsable del préstamo de U$S 100.000, vencido el plazo para el levantamiento, ejecutó la suma de U$S 50.000 que Morton tenía depositado como garantía.

Morton le inició entonces a Brown dos acciones legales.

Decidió entablar juicio a Brown en el país de origen por incumplimiento del contrato de distribución exclusiva e indefinida del Programa Praxis que tiene Practical Marketing. Por otro lado, Brown recibió una intimación del estudio jurídico Gordon & Gordon en Londres, por el incumplimiento del contrato de compraventa de Praxis Inc., bajo apercibimiento de una demanda judicial en ese país, cosa que, atentaría seriamente contra los intereses a largo plazo de Brown en la Comunidad Económica Europea.

Por si esto fuera poco, Brown se entera de que todos los clientes de Praxis en su país de origen acaban de recibir por E-mail un ofrecimiento desde una dirección desconocida en Europa, para que les envíen un original de Praxis, que por una suma muy conveniente, él le quita la protección que evita que se puedan realizar copias del programa.

Análisis del caso

Si analizamos lo ocurrido desde el punto de vista de los juegos psicológicos, podemos apreciar que la historia, que relata ligeramente modificados los datos de un caso real, tiene todos los componentes de un juego.

Tiene un *cebo:* Morton, una aparente víctima que está en desgracia (despedido y sin trabajo), que solicita ayuda.

Tiene una *flaqueza:* el pedido engancha la parte salvadora de Brown que quiere ayudar, pero también su parte perseguidora, ya que sin mucho problema y sin inversión, podía obtener a alguien necesitado, inteligente y muy trabajador, sin tener que firmar un contrato y sin generar ningún compromiso, para comenzar a desarrollar un mercado para un producto aún poco conocido.

Tiene una *descalificación:* Brown pasó por alto muchos datos de la realidad que hablaban claramente del tipo de persona que era Morton. Los despidos por altercados con las autoridades de las organizaciones, la renuncia con un motivo no muy convincente, los hábitos de vida y estilo laboral tan disímiles, no fueron tomados en cuenta a la hora de comenzar la relación.

Tiene una *respuesta:* Brown muerde el anzuelo firmando un contrato casi a ciegas por tiempo indeterminado que daba a Morton la exclusividad de la representación de Praxis, sin fijar incluso objetivos comerciales de ningún tipo *(véase diagrama I).*

Tiene varios *cambios:* firmado el contrato las cosas cambian y los pagos regulares y las ganancias se desvanecen dejando paso a los problemas laborales y personales, transformando a Brown de salvador (o perseguidor) en víctima de la situación y a Morton de víctima aparente en perseguidor *(véase diagrama II).* Más adelante, Brown le quita la distribución y no le paga por la compra-venta de Praxis Inc., pasando de víctima a perseguidor y Morton, de perseguidor a víctima, *(véase diagrama III).* Por último, Morton demanda a Brown en ambos países y se desconoce si es o no responsable de los E-mail, con lo que ha pasado nuevamente de víctima a perseguidor y Brown de perseguidor a víctima *(véase diagrama IV).*

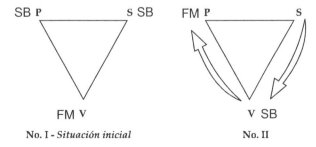

No. I - *Situación inicial*   No. II

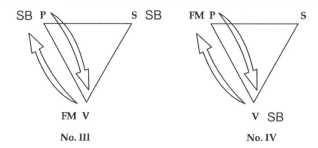

No. III   No. IV

Ambos están ahora embarcados en juicios y disputas, consumiendo en ellas enorme cantidad de sus energías y de su tiempo vital (laboral, social, familiar, etc.), inmersos en gran cantidad de intensas emociones que podríamos considerar como parte de los *seudobeneficios* del juego (perder-perder).

No obstante, salvo que medie una decisión del adulto de alguno de los participantes, este juego aún no ha terminado y aún no se ha dado el *ajuste final*.

Se trata evidentemente de un juego de segundo grado, con fuerte trascendencia social y comercial y que, lamentablemente, si los participantes no logran desenganchar, podría terminar como un juego de tercer grado.

Por último, en muy pocas ocasiones las negociaciones son escenarios de episodios de *intimidad.*

Esto no es una característica particular de las negociaciones, sino general de la vida, ya que la intimidad es tal vez una de las situaciones más anheladas pero también más temidas por los humanos, debido al compromiso emocional que involucra.

Además, en negociación, es un concepto más fácil de intuir que de explicar, por lo que considero que un ejemplo puede ser la mejor forma de trasmitirlo.

Hace algunos meses participé en una difícil y larga negociación de dos grupos que buscaban la posibilidad de fusionarse para desempeñar sus actividades de consultoría.

Uno de los integrantes de la negociación había creado y liderado exitosamente nuestro grupo por cerca de tres años y ahora había sido invitado a participar en la creación de un nuevo grupo junto a otros cuatro consultores, en una situación realmente conveniente a sus intereses y a sus habilidades y capacidades.

Uno de sus objetivos, y también nuestro, fue la posibilidad de lograr la fusión de ambos grupos, lo cual en teoría parecía viable y en la práctica alcanzable.

Después de muchas horas de una cordial pero laboriosa negociación, diferencias irreconciliables en aspectos referidos a la propiedad y en especial a su significado en cuanto al reconocimiento personal y profesional de los integrantes de cada grupo, nos llevaron a la conclusión de que aquella negociación no terminaría en un acuerdo.

Materializar esto en una frase fue el disparador de uno de los momentos de mayor intimidad en los que yo haya tenido oportunidad de participar durante una negociación. En el pequeño espacio de silencio que siguió a esta conclusión, comenzamos a escuchar los sollozos de nuestro ex compañero, quien empezaba a dimensionar la realidad de la pérdida.

Más allá de todo lo bueno que le esperaba en el nuevo grupo, estaba el dolor de dejar algo que él mismo había creado, donde quedaban amigos y compañeros de trabajo de muchos años, que él mismo había elegido, así como muchos esfuerzos e ilusiones compartidas.

Pocos segundos después, uno de los integrantes de nuestro grupo arrancó a llorar también y a quienes no lo hicimos, se nos llenaron los ojos de lágrimas. El silencio cayó sobre la reunión como un manto pesado que nos pegó a todos contra los asientos sin dejarnos mover un dedo. Después de un par de minutos que parecieron un siglo, un sentido y prolongado abrazo a nuestro amigo dijo todo lo que había que decir para cerrar la reunión.

Una distribución recomendable

No existe en negociación, como en tantas otras cosas de la vida, una receta exacta de cómo debe distribuirse el tiempo. No obstante, creemos que es posible hacer algunas recomendaciones generales de mucha utilidad.

- En primer lugar, la vida, no sólo las negociaciones, debe estar libre de juegos psicológicos. Si bien es posible en las otras formas de administrar el tiempo diferenciar maneras positivas y negativas de uso, esto no es posible con los juegos psicológicos. Por ejemplo, se puede decir que existen rituales buenos y malos. Un ritual bueno puede ser un saludo cortés recibido al comenzar el día, o el baile del vals en una boda. Un ritual negativo puede ser el realizado por una secta que termina, como ha sucedido varias veces, con la muerte de uno o varios de sus integrantes. Por el contrario, por definición y por sus resultados, los juegos psicológicos, del grado y duración que sean, son negativos para los participantes.

◆ Toda negociación requiere algún tiempo de aislamiento durante cualquiera de sus fases (preparación, negociación, y evaluación de resultados y de proceso). Usado en exceso, puede privarnos de los aportes invalorables del trabajo en equipo.

◆ Son bien importantes los espacios destinados a los rituales sociales necesarios para una buena relación y comunicación, por cuanto es imprescindible informarse acerca de este aspecto cuando necesitamos negociar con gentes que pertenecen a culturas muy diferentes de la nuestra, por ejemplo en negociaciones entre occidentales y orientales. No obstante, creemos inconveniente participar de rituales del tipo regateo cuando estamos frente a una negociación compleja, no sólo porque sus resultados son pobres comparados con los de la negociación por intereses y principios, sino porque por la simple condición de ritual, una vez iniciado, es muy difícil salirse o desengancharse para repetir la situación por otro camino.

◆ Una conversación aparentemente trivial, cuando es acertada en tiempo y tema, muchas veces distiende, alivia tensiones o ayuda a generar buena relación entre los integrantes de una negociación. En ese caso, nuestra recomendación es que estos diálogos pasatiempo, dentro de lo posible, sean planeados. Muchas veces, es en la conversación de apertura, en esos pocos segundos o minutos iniciales, donde se juega el destino de nuestra comunicación y nuestra relación, cuando no, de toda la negociación. Un pasatiempo es inadecuado cuando se usa con mala preparación, porque no se sabe lo que se va a decir, o cuando sustituye a un buen proceso negociador, ya que nada más cierto en negociaciones que el dicho de que «el pez por la boca muere». Todos hemos visto muchas negociaciones trancarse y en ocasiones estropearse definitivamente, con motivo de una conversación inoportuna, sobre un tema no relevante a la misma.

◆ Mas allá de lo dicho sobre intimidad, la recomendación es, no se cuide mucho; es poco frecuente y cuando le pase, le va a venir muy bien. Agradable o desagradable de experimentar, lo hará sentir humano.

◆ Es altamente recomendable que la mayor parte de la negociación sea usada como actividad. Los resultados son estadísticamente mejores cuando los negociadores utilizan la mayor parte de su tiempo de preparación, negociación y evaluación, guiados por objetivos claros y siguiendo una estrategia, una metodología para conseguirlos. Asimismo, usar un método (nuestro modelo Harvard u otro), les ayudará a no entrar en juegos psicológicos o en cualquiera de los modos inadecuados de distribuir el tiempo.

◆ Por último, negociar por principios es, nuevamente, nuestra más calurosa recomendación general.

Y si a pesar de eso ...

No existe nadie más en riesgo de caer en la trampa de un juego psicológico que quien entra en una negociación mal preparado, sin objetivos claros y sin una estrategia de cómo lograrlos; tampoco nadie está libre de que, a pesar de su propósito de negociar por principios, descubra en determinado momento que está frente a un juego psicológico o dentro del mismo.

En ese caso la pregunta es: ¿cómo salir de esa situación?

Eso me recuerda cuando un internado en un instituto psiquiátrico le preguntó al doctor E. Berne: ¿Cómo se hace para salir de aquí? Él le respondió, ¿y cómo hizo para entrar?

Nuestra mejor recomendación, como en el caso anterior, es: evite entrar.

◆ En primer lugar, utilice la herramienta, piense en términos de juegos, cuestiónese si la sensación rara que tiene en su estómago es tan sólo tensión porque el caso es complicado, o son sus tripas que le advierten de una trampa.

◆ Reconozca su flaqueza. Usted se conoce lo suficiente como para saber cuál es el rol con el que tiende a entrar en el triángulo dramático, ya sea en negociaciones como en la vida diaria, y cuál es el cebo que muerde más a menudo. Descubrirlo ahora le ayudará a preverlo o reconocerlo en el momento oportuno y lo habilitará a utilizar otras opciones más creativas y eficientes de obtener lo que quiere.

◆ Si reconoce que alguien lo está «invitando» a un juego, o que se encuentra ya en una de sus movidas, usted puede:

   a) Exponer o descubrir el juego. Poner arriba de la mesa asertivamente lo que observamos, compartir información y explicar, tal vez con el diagrama del triángulo, lo que está sucediendo, haciéndolo en primera persona y sin atribuir intencionalidades a la otra parte. Es posible hacer saber cómo nos sentimos e incluso proponer una opción diferente para manejarse.

   b) Cuando no podemos confrontar porque no es conveniente debido al desbalance de poder, o porque hacerlo puede ser vergonzante para el otro o porque lo hemos hecho y no dio resultado, una opción es seguir el juego. Una vez descubierto el juego o la invitación, sin enganchar en su flaqueza, finja aceptarla y en cuanto pueda, evada.

   c) Evadir el juego es otra posibilidad. Podemos retirarnos si es necesario, ignorar la invitación y cambiar de tema o pasar a otro elemento. Por ejemplo, si alguien nos está manipulando con la relación desde el rol de víctima, separar la relación de la sustancia y pasar a explorar o hablar de intereses y criterios de legitimidad.

Diálogo de ejemplo:

dueño de la empresa, ante el pedido de aumento de sueldo de uno de sus funcionarios:

¿Por qué me estás haciendo esto a mí, justo a mí que te di este trabajo cuando eras sólo un niño y te enseñé todo lo que sabes? Me siento mal, pensé que yo era para ti como tu tío o tu papá, pero veo que me equivoqué, no existe la más mínima consideración de tu parte. (Claramente manipula desde el rol de víctima, invitando al salvador de la otra parte).

Funcionario:

Si en algún momento dejé entender que no me importa la relación que tenemos o que no te estoy agradecido por los conocimientos y lo que has hecho por mí, lo siento, sí me importa y siempre te lo agradeceré. Sin embargo, creo que debemos separar nuestra relación de este pedido de aumento. El aumento que estoy solicitando tiene que ver con mi rendimiento en el trabajo y estoy tomando en consideración para pedirlo, lo que ganan otros en mi mismo puesto y que han entrado después que yo. Sólo quiero que me traten laboralmente de la misma forma que tratan a los demás. (Asertivamente evade, separando los temas de relación de los temas de sustancia y cambia del elemento relación a su interés de aumento y a los criterios que está tomando en cuenta para pedirlo).

Nuestra recomendación final: sea incondicionalmente constructivo

Aun cuando la otra parte actúe emocionalmente, equilibre las emociones con la razón.

Apóyese para ello en una buena preparación, negocie basado en principios y soportado por una metodología.

Aun cuando no escuchen, escúchelos, pregúnteles. La información que obtenga, tanto en contenido como en forma, le será vital para su estrategia de persuasión.

Aun cuando lo malinterpreten, trate de entenderlos. Recuerde que la única forma de persuadir es entender cómo el otro percibe las cosas y procesa la información, para luego cambiarla.

Aun cuando rechacen sus puntos de vista sin considerarlos, respete su derecho a tener opiniones diferentes. Acéptelas como dignas de su consideración.

Aun cuando traten de engañarlo, sea digno de confianza. No recomendamos confiar ingenuamente, pero sí ser confiable. La experiencia nos indica que esta condición tiene un valor poco común a la hora de negociar.

Aun si tratan de manipularlo, esté abierto a la persuasión. Rechace invitaciones a participar en juegos psicológicos. Busque persuadir usando criterios objetivos, ajenos a la voluntad de las partes y recuerde que hay pocas cosas más persuasivas que estar abiertos a la persuasión legítima.

Pienso que usted puede estar diciendo a esta altura, éste con lo que sugiere se va a ir al cielo.

Si usted cree en el cielo, ese puede ser un valor agregado de seguir las sugerencias, pero lo que le estoy sugiriendo hacer es porque conviene.

En nuestra opinión, *el verdadero poder en las negociaciones* está en saber:

- Buscar y desarrollar una buena *alternativa,* es decir, saber qué voy a hacer para satisfacer mis intereses si no consigo acordar y haber pensado cómo reducir la otra parte.

- Descubrir bien los *intereses* (lo que la gente realmente necesita) debajo de las posiciones (lo que dice que quiere); tanto los suyos como los de la otra parte y los de terceros, para buscar satisfacerlos.

- Separar el proceso de decidir del proceso de inventar. Permitirse y dar permisos para ser creativo a la hora de inventar *opciones* de posibles acuerdos que «agranden la torta».

- Usar sólidos *criterios de legitimidad* para persuadir y para defenderse de las manipulaciones y tácticas sucias que puedan usar otros.

- Realizar *compromisos* inteligentes, claros, funcionales, operativos, lo más tarde posible en el proceso negociador, sólo después de haber explorado bien intereses, opciones y criterios objetivos.

- Generar una *comunicación* de doble vía, donde todos son escuchados y entendidos.

- Crear una buena *relación de trabajo,* es decir, saber cómo dirimir las diferencias asertiva y civilizadamente.

Capítulo 10

¿Y eso qué significa?
Depende

Reencuadre: el arte de la vida

«Un viejo cuento taoísta chino habla sobre un granjero que vivía en un pueblecito pobre. Era considerado muy afortunado porque tenía un caballo que usaba para arar y como transporte. Un día el caballo se escapó.

Todos sus vecinos llegaron hasta su granja a darle sus condolencias por lo terrible de lo sucedido, pero el granjero, luego de escuchar durante un rato, sólo dijo, -depende.

Pocos días después el caballo volvió acompañado de dos caballos salvajes.

Los vecinos volvieron para comentar su buena suerte, pero el granjero sólo dijo, -depende.

Al día siguiente, el hijo del granjero trató de montar uno de los caballos salvajes; el caballo lo tiró y se quebró una pierna. Todos los vecinos se compadecieron de la mala suerte del granjero, pero él nuevamente sólo contestó, -depende.

A la semana siguiente, un escuadrón de soldados vino al pueblo a reclutar jóvenes para el ejército. Rechazaron al hijo del granjero porque tenía la pierna rota. Cuando los vecinos le dijeron lo afortunado que era, el granjero contestó, -depende».

Hechos y significados

En el mundo no hay nada que tenga un significado implícito. El significado de cualquier hecho depende de quién lo percibe, desde el ángulo que lo percibe, bajo el filtro de qué creencias y paradigmas, así como de qué forma lo procesa internamente.

¿Qué significa ir caminando por la calle y que una paloma nos ensucie en un hombro? Para algunos es una desgracia y es probable que ese mínimo hecho arruine su día. Para la mayoría de la gente, al menos en mi país, es signo de buena suerte y de que algo bueno irá a ocurrir en esa jornada.

Existen infinitas formas de interpretar las cosas que nos pasan, lo que hacemos, lo que otros hacen o lo que sucede.

Los conflictos y las negociaciones no escapan a esta regla general, al contrario, son tal vez de los contextos más propicios para la aparición de diferentes opiniones e interpretaciones ante cualquier situación.

La clave está en el proceso

- ◆ Se atiende y se percibe de manera selectiva. De un conjunto infinito de datos que cualquier situación ofrece, el biocomputador personal selecciona y registra sólo algunos. Los demás, o no son percibidos por la limitación fisiológica de los sentidos o porque han sido descartados consciente o inconscientemente. Los paradigmas de cada persona (presupuestos, creencias, metaprogramas) los vuelven muy atentos y receptivos a aquellos hechos o datos que se ajustan con ellos y los tornan poco perceptivos o completamente ciegos a todos aquellos hechos o datos que no concuerdan.

  «Es la teoría la que determina lo que podemos observar».

  Einstein

- ◆ Se recuerda de manera selectiva. De todos los datos percibidos, sólo se retienen aquellos que mejor se ajustan a las teorías y preferencias propias.

- ◆ Se interpretan los datos seleccionados. A pesar de percibir iguales datos, es posible que dos personas, con diferentes culturas y experiencias de vida, hagan diferentes razonamientos acerca de ellos.

- ◆ A partir de las interpretaciones particulares, se sacan conclusiones, se categoriza, se clasifica, se elaboran creencias y teorías, grandes generalizaciones acerca de las cosas, los hechos, las personas y la vida, que sirven de filtros a la percepción, cerrando así un círculo que se retroalimenta de forma permanente.

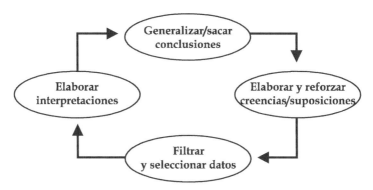

Figura 10-1. Percepción y representación de la realidad.

Incluso las emociones son producto de esta forma de percibir, representar y procesar la realidad. Las representaciones del mundo y las interpretaciones de lo que en él sucede y existe, son las que hacen a las personas felices o infelices, exitosas o perdedoras; las que hacen que se sientan bien o mal frente a cualquier situación.

> *«No son los hechos los que nos inquietan, sino las opiniones que tenemos de ellos».*
>
> *Epicteto*

Si por algún mecanismo se logra cambiar la forma de percibir un hecho o la de procesar y representar la información, de inmediato cambiarán las conclusiones. Como resultado, las emociones, conductas y comportamientos en respuesta al mismo, también cambiarán.

Seguramente, en la historia personal de cada uno, existirá uno o más hechos que por alguna razón, en el momento en que sucedieron, se les consideró como una desgracia o un enorme prejuicio, mientras que en el transcurrir del tiempo se descubre que, desde otra perspectiva, desde otro punto de vista, aquello no fue tan malo, fue bueno o quizás fue lo mejor que pudo haber sucedido. El cambio del marco temporal, nuevos datos ignorados en la circunstancia inicial, el devenir de los acontecimientos posteriores, aunque no modifican en absoluto lo sucedido, cambian la opinión, las emociones, la forma de pensar y el significado de aquella experiencia.

«Una tarde, mientras Nasrudín y sus amigos se hallaban reunidos en la casa de té, entró un monje y declaró:

—Mi maestro me instruyó para que comunicara que la humanidad nunca logrará su realización hasta que el hombre que no ha sufrido una injusticia, esté tan indignado con ella como el hombre que de hecho la ha sufrido.

La asamblea quedó momentáneamente impresionada.

Nasrudín entonces habló y dijo —Mi maestro me enseñó que absolutamente nadie debería indignarse acerca de nada, hasta estar seguro de que lo que cree que es una injusticia, realmente es una injusticia y no una bendición disfrazada».

Bendición disfrazada.

Realidad, significados y puntos de vista

«En este mundo traidor nada es verdad o es mentira, todo es según el color del cristal con que se mira».

Refrán popular.

Existe una realidad de las cosas, de los hechos y de los sucesos (el territorio), inaccesible a los humanos en forma completa, y una suprarrealidad, que es el sentido o significado que se les da a cosas, hechos y sucesos, es decir, cómo son interpretados y las conclusiones elaboradas acerca de ellos.

Para manejarse en una sociedad de una forma más o menos ordenada, el ser humano usa convenciones acerca de las cosas y de los hechos.

Los que pertenecen a un mismo grupo social tienen una serie de significados compartidos o por lo menos compatibles, llamados «lo real».

De todos los posibles significados de un hecho o una cosa, el ser humano decide tomar alguno y funcionar como grupo aceptando consciente o inconscientemente, explícita o implícitamente, ese particular significado.

Estos acuerdos sobre los significados, sobre la forma de percibir o interpretar las cosas, permiten crear un orden para vivir en comunidad. Ordenar significa clasificar, tomar las cosas desde un punto de vista entre los múltiples posibles.

Si así no se hiciera, todo sería extremadamente caótico, variable e imprevisible. Por ejemplo, transitar sería caótico si cada conductor tomara la decisión de ir por donde se le antojara.

Todos aquellos que comparten un punto de vista (una manera de ordenar los hechos), aceptan un determinado convencionalismo acerca de algo, tienen similares mapas mentales sobre diversos aspectos que los hacen propensos al entendimiento. Lo contrario, a menudo provoca disenso y conflicto.

El dinero, la bandera o el sistema de medidas usados en una nación, pertenecen a esta categoría de convencionalismos.

Las palabras de un idioma son también convenciones. Una palabra es un mapa o representación de la realidad, una serie de sonidos que tienen un significado compartido y que un grupo acepta. Sin embargo, aun los individuos pertenecientes a un mismo grupo y que hablan un mismo idioma, pueden tener dificultades con el significado de muchas palabras.

«Los filósofos, los lógicos y los doctores de la ley fueron convocados a la Corte para interrogar a Nasrudín. El caso era serio, pues el Mulá había admitido haber ido de pueblo en pueblo diciendo:

—Los así llamados sabios son personas ignorantes, indecisas y desorientadas.

Se lo acusaba de estar minando la seguridad del Estado. —Usted puede hablar primero, dijo el Rey.

—Que traigan plumas y papel, pidió el Mulá.

Plumas y papel fueron traídos.

—Que les sean entregados a cada uno de los siete sabios. Su indicación fue cumplida.

—Que separadamente respondan por escrito a la siguiente pregunta: ¿Qué es el pan?

Así se hizo.

Las respuestas fueron entregadas al Rey, quien las leyó en voz alta.

La primera decía: «Es un alimento».

La segunda: «Es harina y agua».

La tercera: «Un don de Dios».

La cuarta: «Masa horneada».

La quinta: «Una sustancia nutritiva».

La sexta: «Nadie lo sabe realmente».

La séptima: «Depende del sentido que se le dé a la palabra».

—Cuando ellos decidan qué es el pan, dijo Nasrudín, podrán formarse un juicio sobre otras cosas, por ejemplo, si estoy en lo cierto o me equivoco.

¿Puede usted confiar a gente como ésta asuntos que impliquen evaluar y juzgar? ¿No es extraño que no puedan ponerse de acuerdo sobre algo que comen todos los días y que, sin embargo, coincidan en que soy un hereje?»

Nasrudín y los hombres sabios.

Si para definir el pan existen varias versiones, existen muchas más para definir términos vagos como comodidad, felicidad, progreso, productividad, justicia, respeto y confianza, cuyos significados pueden ser incalculables, tantos como los puntos de vista desde los cuales se los interprete o como personas los usen.

Entre el caos y la rigidez

Mientras, por un lado, los ordenamientos facilitan el entendimiento y la comprensión de fenómenos que están incluidos en ese orden, al mismo tiempo, son capaces de restringir el pensamiento creativo al grado de llevar a la inmovilidad, la rigidez o la ceguera otras posibles interpretaciones.

Algunos de los conceptos de Hipócrates sobre muchas enfermedades, a pesar de ser erróneos, perduraron durante largo tiempo, sólo porque, dada su procedencia, nadie se animaba a cuestionarlos.

Los suizos, inmovilizados por sus creencias, suposiciones y convencionalismos acerca de cómo debían ser los relojes, no pudieron ver el valor de la idea que surgió entre ellos y que les costó poco después, perder, hasta el momento actual, su dominio en el mercado mundial: el reloj de cuarzo.

Por otro lado, percibir diferente, dar significados diferentes, interpretar de maneras diferentes, concluir de forma diferente acerca de los hechos, amenaza el orden establecido, crea inseguridad y, llevado a un extremo, crea el caos y la anarquía. Al mismo tiempo, hacerlo es fuente de oportunidades, de nuevas y creativas formas de vivir, de pensar y de resolver problemas y conflictos.

Una historia tradicional cuenta el caso de dos vendedores de dos fábricas de zapatos que fueron a incursionar en un poblado africano. Al llegar allí y viendo a toda la gente descalza, uno de los vendedores escribió un telegrama a su fábrica que decía: «Me vuelvo inmediatamente. Aquí nadie usa zapatos». El otro vendedor escribió también un telegrama a su empresa que decía: «Manden toda la producción. Aquí todavía nadie usa zapatos».

Realidad y conflicto

Los conflictos entre los seres humanos son conflictos de significados.

Cuando dos o más personas, organizaciones o países, entran en conflicto, creen ser dueños de la verdad y estar discutiendo acerca de la realidad. Piensan que existe una sola realidad, por lo general, la suya, lo que demuestran al utilizar expresiones que comienzan con un paradójico «objetivamente pienso...».

El origen de muchos conflictos y disputas radica en que se ha olvidado el origen de las realidades, se olvida que aquello que se llama realidad, es sólo un acuerdo.

«Saadi de Shiraz, en *Boston*, afirmó una importante verdad cuando contó esta diminuta historia: «Un hombre se encontró con otro, que era apuesto, inteligente y elegante.

Le preguntó quién era. El otro respondió: —Soy el Diablo.

—Pero no puedes serlo, dijo el primer hombre, ya que «realmente» el diablo es malvado y feo.

—Mi amigo, dijo Satanás, «realmente» has estado escuchando a mis difamadores».

Puntos de vista.

La razón del conflicto no son los hechos, inmodificables de por sí, sino la forma diferente y en ocasiones diametralmente opuesta en que las partes perciben, interpretan, concluyen y ordenan los hechos.

Haber nacido en el seno de la guerrilla, en medio de la selva, haber jugado con armas desde niño y vivido 30 años percibiendo los sucesos desde ese ángulo, crea muy diferentes creencias y valores a los de alguien nacido en la ciudad, a pocos kilómetros del campamento revolucionario.

Sin embargo, resulta inconcebible para cada uno de ellos que el otro pueda «realmente» pensar diametralmente opuesto acerca de algo que vieron o escucharon en el mismo momento. El mismo combate en una nación con conflictos internos será percibido, procesado e interpretado de una manera diferente por los guerrilleros que por las fuerzas armadas, tanto como si los protagonistas del conflicto fueran de dos países diferentes.

La misma pena máxima pitada por un árbitro de fútbol, tendrá una reacción diferente para la hinchada de un equipo, que para la del otro y, seguramente, será diferente la opinión de los conductores de dos vehículos que han chocado pocos instantes atrás.

Durante las disputas y conflictos, sean internacionales, comerciales o familiares, nadie se detiene a pensar que el otro puede estar percibiendo datos diferentes, interpretándolos de diferente manera, haciendo distintas suposiciones y sacando, por tanto, diferentes conclusiones.

Con frecuencia, una o ambas partes en conflicto, suponen que el otro es malintencionado, loco, caprichoso, terco o que miente, y ambos piensan que son exactos en su propia descripción de lo ocurrido.

La víbora se muerde la cola

Cuando una parte cree que el otro es terco, loco o que tiene mala fe y miente, con frecuencia vuelve a percibir de forma selectiva los datos que abonan esta teoría e interpreta cada comportamiento de la otra parte como una demostración de que está en lo cierto y que en esas circunstancias, es imposible confiar.

Debido a esto, actúa con desconfianza y provoca en la contraparte reacciones y comportamientos que terminan por corroborar sus suposiciones, en una especie de profecía de autocumplimiento. Se genera así un mecanismo circular de causa-efecto, que frecuentemente no tiene fin y puede provocar, aun en situaciones donde las diferencias son inicialmente menores o triviales, una escalada de impredecibles consecuencias.

Un ejemplo de ello son las carreras armamentistas, en las que por diferentes razones se enredan los países de distintas partes del mundo. La interpretación de algún hecho como una posible amenaza a la soberanía de una nación, induce a las autoridades de la misma a armarse, aduciendo que lo hace para mantener y asegurar la paz. En conocimiento de tal actitud, la otra parte se siente obligada a reforzar su seguridad adquiriendo nuevo y más sofisticado armamento, lo que a su vez es interpretado por su contraparte como un signo de que estaban en lo correcto al armarse y que lo mejor es comprar más armamento.

Es común que los involucrados en estos conflictos no sean capaces de solucionar estas escaladas desde dentro del sistema, desde el mismo nivel en que se originaron. Casi siempre están encerrados en un juego de más de lo mismo, siguiendo aquello de que «si un martillo no dio resultado, use un martillo más grande».

Las soluciones propuestas, en general, apuntan a un problema mal planteado, porque no es la terquedad, obstinación, malicia o falsedad de una de las partes el origen del problema, sino la forma en que el cerebro funciona, los procesos mentales y los diferentes marcos de referencia elaborados por cada uno.

Cuando naciones, empresas o personas quedan encerrados en este tipo de dinámicas, necesitan un nuevo y diferente punto de vista, una metaposición, un diferente marco de referencia para lograrlo, necesitan un reencuadre.

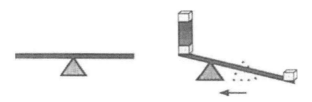

Reencuadre o cambio de marco de referencia

Cambiar de marco de referencia o de reencuadre, término que proviene del trabajo del grupo de Palo Alto (Watzlawick, Weakland, Fisch, 1974), tiene que ver con la habilidad o arte de modificar la forma en que los hechos son percibidos o interpretados en una situación dada, de manera que sin cambiar los datos acerca de lo acontecido, cambia la interpretación, el sentido o significado que se le da y, por ende, sus consecuencias.

De acuerdo con Watzlawick, «reencuadrar significa cambiar el marco o punto de vista conceptual y/o emocional con relación al cual es experimentada una situación y ubicarla en otro encuadre que se adecua igualmente bien, e incluso mejor, a los hechos de la misma situación concreta, modificando todo su significado».

Por esta razón, el reencuadre es una de las herramientas más contundentes para modificar opiniones propias o ajenas sobre un determinado hecho o situación y un aliado invaluable en las negociaciones y en la vida.

Mecanismo de acción

Imaginemos que en el cerebro funciona un gran archivo electrónico de las cosas que suceden a una persona, donde cada hecho es clasificado en carpetas o archivos, en función de su significado.

Ante cualquier situación, los sentidos, ubicados en el mostrador de atención al público del archivo, reciben y entregan al procesador un conjunto de datos. El procesador se ocupa de interpretar los datos y tomar la decisión de en qué carpeta de significado debe archivarlo.

Clasificar es ubicar un dato o un conjunto de datos en un archivo mental, una carpeta de significado y ordenarlo entonces, de una determinada manera. Una vez que un hecho o un objeto ha sido archivado por el biocomputador dentro de una carpeta de significado, es bastante difícil que sea incluido también en alguna otra carpeta, o en varias al mismo tiempo.

Al clasificar, se limitan entonces las posibilidades y se pierden otros puntos de vista, otros significados de lo acontecido, otras posibles formas de archivarlo. Desde el momento en que algo se interpreta como mala suerte y se clasifica en la carpeta correspondiente, la misma persona no puede considerarlo como perteneciente a la categoría o carpeta de buena suerte o la de hechos neutros.

Por otra parte, el biocomputador cuenta con simplificadores del trabajo y antes de abrir una nueva carpeta o archivo, buscará primero si puede incluir los nuevos datos recibidos en alguna carpeta previamente abierta o en alguna de sus subdivisiones.

Las carpetas ya abiertas, en especial las más grandes, condicionan los sentidos en su búsqueda. De toda la información disponible, inducirán a los sentidos a percibir y a tomar en cuenta aquella que coincida con su contenido y al procesador, a interpretarla de manera que la archive allí.

El proceso, siguiendo a Watzlawick, tiene distintas fases:

1. Un hecho sucede.

2. Ese hecho es enmarcado, es decir, clasificado e incluido dentro de una categoría o archivo de significado (puntuación) de acuerdo con un proceso «x», que se ha aprendido a utilizar.

3. Colocar un hecho o situación en un orden determinado, en un marco de referencia, hace que sea muy difícil verlo como integrante de otro orden. Un marco hace precisamente eso, destaca aquellos aspectos que están incluidos en él y deja por fuera, transforma, le quita relieve o hace imperceptibles otras cosas.

Cuando se reencuadra, lo que se busca es hacer que una o varias personas vean un hecho, inmodificable como tal, como perteneciente a otra u otras clases o categorías de significado (archivo u orden), que se ajusten a lo sucedido, pero que lleven a conclusiones con consecuencias diferentes y mejores resultados para todos. Por ejemplo, seguramente es mucho más favorable para aquel que fue elegido por la paloma en la calle, interpretar ese hecho como buena suerte y como premonición de algo agradable, que amargarse el día, aunque nada modificará lo que tiene encima del hombro.

El reencuadre brinda un nuevo marco, un sentido diferente de lo ocurrido, desplaza lo que era figura para poner de relieve algo perteneciente hasta ese momento al fondo y que había pasado desapercibido con relación a la situación.

Lo interesante del instrumento y su especial poder radica en que después que se ha percibido una faceta ignorada de un hecho, aceptar como factible una nueva interpretación del mismo e incluirlo en una nueva carpeta de significado, no se puede muy fácilmente volver atrás en la percepción o experimentar las mismas emociones previas.

Existe una popular lámina ambigua donde figura el rostro de dos mujeres, una vieja y una joven. Luego de que a alguien que sólo ve la joven y que está dispuesto a discutir fervientemente acerca de lo que puede o no ser percibido en la figura, descubre la existencia de la vieja, es difícil que pueda volver a la situación de ignorar la segunda figura o que pueda entrar en las mismas emociones y sostener una discusión acalorada como lo hacía antes.

El arte de la vida

La denominación «reencuadre, el arte de la vida» se hizo en virtud de que no existe actividad humana donde esta herramienta no tenga vigencia y tal vez la vida misma o las relaciones humanas no serían concebibles sin ella.

La lista de ejemplos que se expondrá a continuación, es sólo una mínima muestra tomada de distintos campos, que tiene la intención de ayudar a percibir la enorme cantidad de situaciones donde el ser humano es víctima de un particular encuadre o donde se aplica o se es sujeto de la aplicación de reencuadres más o menos exitosos, más o menos elaborados.

- ◆ Una negociación realizada en 1984 por dos empresas, una norteamericana y otra europea, fue el origen de un tremendo conflicto y posteriormente de un largo y oneroso juicio. El motivo: diferentes encuadres o marcos de referencia culturales.

  El punto inicial de discusión fue la fecha en la que la empresa europea debía entregar una mercancía. En el contrato figuraba como fecha de entrega 1/2/84. El día tres de enero la empresa norteamericana llamó a preguntar por qué no había recibido aún el embarque. La empresa europea contestó que no lo había enviado porque todavía tenían un mes para hacerlo, pues la fecha de entrega era el primero de febrero.

◆ Cuenta el profesor Roger Fisher que en una oportunidad fue invitado, junto con otras personalidades, a dar una conferencia. Cuando llegó el momento de arreglar los honorarios quien lo contrataba le dijo que el pago por la conferencia era US$ 3,000. Como buen negociador y buscando un criterio de legitimidad de la oferta, Roger preguntó: — ¿Es ese el máximo que le van a pagar a los demás conferencistas? A lo que su interlocutor respondió: — No, hay un conferencista al que se le paga US$ 3,500. Fisher volvió a preguntar: —¿Existe alguna razón especial para que a ese conferencista le paguen US$ 3,500 y a mí US$ 3,000? ¿Se trata tal vez de Henry Kissinger que está juntando fondos para alguna obra de la beneficencia? —No, respondió el otro negociador, pero USS 3,000 es lo que le ofrecemos, tómelo o déjelo. —Muy bien, respondió el profesor Fisher, en ese caso, no cuenten conmigo.

Poco tiempo después, su contratante volvió a llamarlo para decirle que estaba bien, que le pagaría US$ 3,500. Para su sorpresa, Roger le respondió: — «Está bien, acepto dar la conferencia, pero con la siguiente condición: si en el transcurso del año ustedes le pagan a otro conferencista más de US$ 3,500, se comprometen a pagarme la diferencia». Su interlocutor quedó atónito y le dijo que aquella cláusula de seguridad era un abuso y un exceso, a lo que Roger replicó reencuadrando: — «Desde mi punto de vista, la seguridad de la cláusula es para usted. Realmente, de ahora en adelante, durante el transcurso de este año, tendrá un argumento muy poderoso para defenderse de cualquiera que quiera pedirle más dinero por dictar una conferencia».

En una tienda de relojes asistí hace poco al siguiente diálogo:

Compradora: —No sé, este reloj me parece frágil y un poco antiguo.

Vendedor: —En realidad, este modelo es un clásico de la relojería; por otro lado, luce delicadísimo en su muñeca.

No hace mucho me regalaron un libro cuyo título, *La enfermedad como camino,* sugiere claramente la orientación de muchos profesionales de la medicina actual de reencuadrar los síntomas de una enfermedad en sí misma, como un intento del organismo por comunicarnos algo. En lugar de maldecir los síntomas del estrés, este reencuadre sugiere pensar en que los sistemas son como sensores que indican, a través de una patología, que algo malo está pasando y que necesita atención y cuidado. Esta visión reenmarca la enfermedad como una comunicación con nosotros mismos, donde los síntomas trabajan en favor y no en contra.

Con motivo de la separación de uno de los integrantes de un partido político, antes de sus elecciones internas, un dirigente manifestó: — «No significa que en el partido haya divisiones, sino que en las elecciones internas ofrecemos más diversidad». Sin embargo, uno de los líderes de otro partido, ante una situación muy similar, manifestó: — «Las múltiples candidaturas debilitan a un partido».

En el discurso donde se lanzaba su nombre a la presidencia, un candidato del partido de gobierno (Partido Colorado) dijo: — «Habrán visto colorados que pierdan, pero colorados derrotados, nunca». Algo parecido al general que batiéndose en retirada decía: — Estamos avanzando hacia la retaguardia.

Una de las frases más recordadas del ex presidente de los Estados Unidos, John F. Kennedy, fue su brillante reencuadre de: — «No se pregunten qué puede hacer su país por ustedes, pregúntense que pueden hacer ustedes por su país».

Lo que el fiscal Kenneth Starr llamó «adulterio», Bill Clinton lo calificó como «una relación impropia».

Todos los chistes tienen incluido algún reencuadre que es la razón de la gracia. Mientras la historia o relato lleva en una dirección e introduce en un marco de referencia, al final algo inesperado cambia la perspectiva, reencuadra y hace aparecer lo que hasta ahora no se había ni siquiera sospechado: «El Llanero Solitario, al ver cientos de indios que se aproximaban por todas direcciones, le dice a Toro: Estamos rodeados Toro, a lo que Toro responde: — ¿Estamos? cara pálida».

♦ En el último de mis cumpleaños recibí de mis hijos una tarjeta de felicitación, en cuya portada aparece una cara sonriente del gato Garfield y la siguiente inscripción: «Los años no parecen haber pasado por ti». Al abrir la tarjeta, además de la firma de mis hijos, decía: «Te atropellaron».

La publicidad está llena de reencuadres. Tomar cerveza es sinónimo de amistad, usar tal marca de jabón en polvo o de pañal desechable significa ser una buena madre, pudiendo llegar hasta el absurdo de que fumar es asociado con deporte y vida sana.

- Si se observa con cuidado, puede encontrarse que la denominación de varias de las nuevas disciplinas empresariales son en realidad reencuadres. Cuando el término *downsizing* comenzó a generar connotaciones negativas en la cabeza de la gente, se acuñaron los reencuadres de *rightsizing* y más tarde el de *reengineering,* todos ellos en realidad reencuadres de algunos términos pasados de moda como reestructuración o reorganización.

- No existe descubrimiento, acto creativo o solución llamativa de problemas que no contenga un reencuadre, un cambio de marco de referencia o un enfoque desde un diferente punto de vista en su cimiento.

- Por último, en una importante negociación, uno de los negociadores, aconsejado por el profesor Fisher, le decía al otro (al tiempo que cambiaba su silla de lugar para sentarse junto a su contraparte): — «No estamos enfrentados, tenemos un problema en común».

Tipos de reencuadre

Existen dos tipos básicos de reencuadre: de contexto y de contenido.

Reencuadre de contexto

En principio, ningún comportamiento o acto es bueno o malo, útil o inútil en cualquier situación de tiempo o de lugar. Comportamientos considerados como inútiles o contraproducentes, pueden haber sido útiles o eventualmente ser útiles en algún momento, algún tiempo o lugar diferente del actual.

La clave del reencuadre de contexto es el cambio en el tiempo y el lugar donde un comportamiento o hecho acontece.

Para efectuar un reencuadre de contexto es necesario preguntarse: ¿En qué contexto podría este hecho o este comportamiento particular, tener un valor diferente, positivo o negativo? ¿Cuándo y dónde podría una cosa, comportamiento, situación o suceso, cambiar su utilidad o calificación?

- Si alguien dice: soy un desastre. Siempre me olvido de las cosas.

   Un reencuadre de texto busca una circunstancia o contexto donde olvidarse tiene un resultado útil o diferente a ser un desastre: olvidarse de los problemas y de las desgracias es el secreto de una vida feliz.

- Cuando se negocia un seguro de vida, los agentes deben crear en la mente de sus clientes potenciales un marco de referencia, un contexto diferente del actual, que justifique la inversión, de lo contrario, no podrían hacer la venta.

- La basura de las ciudades era un problema hasta que a alguien se le ocurrió que en otro contexto y bajo ciertas circunstancias, podría ser usada como fertilizante.

- «No existen fallas, sólo retroalimentación», es una frase que reencuadra algo desagradable, inadecuado, inesperado o inconveniente que está ocurriendo, como una herramienta útil, como un aprendizaje para una situación futura.

- Dicen que en la preparación de la campaña electoral de Teddy Roosevelt, su equipo cometió el error de usar una foto del candidato sacada por un estudio fotográfico particular y hacerla reproducir en afiches para la publicidad callejera sin solicitar autorización. Cuando alguien reparó en el hecho, todos pensaron en el enorme costo que significaría tirar a la basura los carteles o negociar con el fotógrafo. Sin embargo, la preocupación no duró mucho, ya que a un asesor se le ocurrió ocultar el contexto en el que se encontraban y crear uno diferente: llamó al estudio fotográfico y preguntó:

  —¿Cuánto están dispuestos a pagar para que una de sus fotos de Roosevelt sea usada en la campaña publicitaria para presidente? Contestaron que si bien no era ese su estilo de trabajo, tratándose de un caso tan especial, estarían dispuestos a pagar US$500.

Reencuadre de contenido

Ningún comportamiento, hecho u objeto significa nada por sí mismo, aunque sí puede hacérsele significar cualquier cosa. Ésta es la esencia del reencuadre de contenido. Se deja el mismo contexto, pero se propone otro significado para el contenido.

Para un reencuadre de contenido, hay que preguntarse: ¿Qué aspectos desapercibidos pueden proveer un sentido diferente a un hecho?

¿Qué otra cosa puede significar un objeto, una palabra, una situación, un suceso o un comportamiento? ¿De qué otras maneras podría definirse algo? ¿Cómo vería o qué diría de esto un...? ¿Qué quiere decir lo sucedido?

- «Somos los segundos, por eso nos esforzamos más», como se puede advertir, es un genial reencuadre donde ser segundos, algo aparentemente descalificativo o desvalorizante, significa ser mejor para sus clientes y se transforma en la piedra angular del plan de marketing de una empresa.

◆ Cuentan que un joven funcionario de IBM concurrió al despacho de su fundador, luego de haber cometido un error que le costó a la empresa varios millones de dólares, diciendo: «Seguramente usted querrá mi renuncia», a lo que Watson contestó: ¿Está loco? Esta empresa acaba de invertir varios millones en su educación.

El reencuadre en negociaciones

Tal vez más que ningún otro terreno de la actividad humana, las negociaciones o la resolución de conflictos son un ámbito propicio para el uso de esta herramienta de persuasión.

El objetivo de este segmento es ir más allá de una lista de ejemplos de negociaciones en las que se haya aplicado un reencuadre como los que se han presentado para explicar el concepto.

Se describirán varias situaciones comunes y difíciles en las negociaciones que son susceptibles de reencuadres y se darán sugerencias sobre la forma, el mecanismo o instrumentos para hacerlo.

Aunque no se trata de una lista que pretende agotar todas las posibles dificultades que se pueden enfrentar en una negociación, en la base de todas ellas, está la necesidad de hacer algo diferente, innovador, paradójico y en ocasiones inesperado, algo que sólo un reencuadre puede aportar.

Diagnóstico: la negociación está estancada en posiciones. Una posición es una forma de expresar lo que alguien quiere o necesita, pero que no existe sino una manera de satisfacerlo. Quiero 4 millones al contado, podría ser un ejemplo.

Sugerencia: existen varias formas de reencuadrar esta situación.

◆ Descubrir el interés detrás de la posición.

Ésta es tal vez la expresión más conocida o clásica de un reencuadre en negociaciones. Investigar mediante preguntas, qué es lo que en realidad la otra persona quiere o necesita, por qué solicita lo que solicita, para qué lo necesita, qué va a lograr o a conseguir cuando lo tenga, abre otras posibles opciones de satisfacer lo deseado.

Por ejemplo: ¿Qué hará con el dinero? ¿Para qué lo necesita? ¿El tiempo es un factor importante para usted en este caso?

◆ Interpretar la posición como una opción y abrir directamente el juego a otras posibilidades.

Por ejemplo: Una posibilidad es que acordemos esa cantidad y de esa forma y permítame explorar otras posibilidades...

♦ Intentar descubrir el criterio de legitimidad que sustenta la posición, para luego hablar acerca de otros criterios que sustenten otras posibilidades.

Por ejemplo: ¿Podría explicarme cómo llegó a esa cifra? ¿Qué elementos tomó en cuenta?

Diagnóstico: alguien amenaza con su alternativa. Con frecuencia una o ambas partes de una negociación entran en una dinámica de amenazar con retirarse de la negociación y dirigirse a su propia alternativa, aquello que pueden hacer para satisfacer sus intereses fuera de la mesa de negociación, sea ésta una posibilidad cierta o falsa.

Por ejemplo: en realidad, no tenemos que seguir con esto, yo puedo contratar a otra empresa para hacerlo.

Sugerencia: reencuadrar cambiando el juego a intereses. Si alguien amenaza con ir a su propia alternativa, es de suponer que lo hace porque aquella podría satisfacer mejor sus intereses que lo que ofrece la mesa de negociación. De esa manera es factible comprobar la realidad de esa posibilidad y a la vez entender mejor los intereses de quien lo hace.

Por ejemplo: es cierto, usted podría contratar otra empresa. Ahora, déjeme entender cómo contratar otra empresa serviría mejor a sus intereses que la nuestra. Cuénteme más acerca de sus intereses. ¿Qué empresa sería?

Diagnóstico: alguien plantea una objeción. Cualquier momento y casi cualquier propuesta en una negociación, puede ser motivo de una objeción. Frecuentemente, enoja a quien la recibe y. como consecuencia, genera interminables debates que no conducen a una solución.

Por ejemplo: podría estar bien, pero no confío en que ustedes lo entreguen en esa fecha.

Sugerencia: reencuadrar transformando la afirmación en una pregunta, descubriendo el interés que subyace detrás de cada objeción y tal vez generando una opción con más valor agregado, es decir, que satisfaga más y mejor los intereses de las partes.

Por ejemplo: ¿Necesita una garantía? ¿Estaría interesado que por un mínimo costo extra se lo entregáramos antes de esa fecha?

Diagnóstico: alguien usa tácticas sucias para manipular. Algunas veces hay negociadores que buscan tomar ventajas mediante el uso de tácticas, desde las más sencillas y menos creativas como hacernos sentar en una silla incómoda, más baja y con el sol de frente, pasando por la conocida de policía bueno-policía malo, hasta las más sutiles formas de hacernos sentir culpa, miedo o en deuda.

Sugerencia: en lugar de reaccionar, hay que diagnosticar la táctica y reencuadrar:

- Exponer la táctica en un tono de curiosidad: ¿Será posible que ustedes estén usando conmigo aquello de policía bueno, policía malo?

- Negociar sobre el proceso, sobre la forma en que va a negociarse de ahora en adelante.

Diagnóstico: alguien se enoja. Las emociones son frecuentes durante las negociaciones difíciles y el enojo es una de las más complicadas de manejar, pues invita a escalar en más enojo o a entrar en sumisión.

Sugerencia: en lugar de enojarse o entrar en sumisión puede reencuadrar acompasando la emoción para luego liderar. Recomendamos al lector revisar el capítulo de la estrategia del vencido.

Diagnóstico: alguien quiere entrar en regateo. En el momento de llegar a las cifras durante una negociación, casi siempre una de las partes presiona para obtener una rebaja, regatea el precio en algún porcentaje.

Por ejemplo: estamos dispuestos a cerrar el trato en este momento. Si nos hacen 10% de descuento, firmamos ya.

Sugerencia: reencuadrar buscando criterios de legitimidad. En lugar del enojo o de intentar bajar esa cifra que indica que se acepta la invitación a entrar en el juego del regateo, hacer algo inesperado para la contraparte: buscar mediante preguntas criterios de legitimidad, razones justas, que soporten el pedido.

Por ejemplo: quisiera entender: ¿Por qué 10%? ¿Por qué no 20%?

Por ejemplo: en realidad, necesito su ayuda. Suponga que le hago ese descuento, ¿cómo podría explicarle a mi gerente, para que no me despida, que lo hice?

Diagnóstico: alguien no comprende lo que le pasa al otro, no sabe qué siente o qué le pasa, no comprende por qué dice lo que dice.

Sugerencia: en lugar de insistir con las propuestas y argumentos que no han dado resultado, hay que reencuadrar para entender el punto de vista del otro, mediante una «silla vacía».

Se le pide a una persona de confianza que colabore. Se colocan tres sillas A, B y C de manera que formen una especie de triángulo.

El colaborador debe sentarse en la silla C, o tercera posición.

Siéntese en la silla A, o primera persona, y desde allí, luego de un esbozo del contexto y de la situación, exponga su punto de vista, hablando en primera persona del singular.

Cuando finalice, cambie a la silla B, o segunda posición y cuéntele al colaborador el punto de vista de la otra parte, actuando como lo haría esa persona y hablando en primera persona del singular. Diga por ejemplo: yo me siento inseguro, en lugar de decir, creo que él o ella se siente inseguro/a.

Cuando finalice, pídale al colaborador, ahora que conoce los dos puntos de vista, que tome asiento en la silla A y desempeñe su papel, que actúe como usted. Usted representará a su contraparte.

Si realiza a conciencia este proceso, de «ponerse en los zapatos del otro», los descubrimientos serán sorprendentes.

Introducirse en ese personaje brinda nueva información: no sólo podrá percibirse cómo piensa, sino incluso cómo siente respecto a la situación, lo que abrirá nuevas perspectivas para el problema. Para finalizar, pueden pedírsele al colaborador dos nuevas perspectivas:

a. Desde su perspectiva, ¿qué pensó y cómo se sintió desempeñando su papel en esta negociación?

b. Desde el punto de vista de C. En este caso, hay que solicitar que vuelva a tomar asiento en la silla C y desde allí recree lo sucedido y brinde retroalimentación sobre la situación y, en especial, sobre la dinámica de interrelación.

Diagnóstico: alguien dice no a una propuesta. Cuando en el transcurso de una negociación alguien responde no a una propuesta o hace algo que no se espera y no se logra entender por qué lo hace, se tiende a pensar:

• Que está actuando de mala fe o de forma irracional.

• Que se necesita presionar más, buscar más argumentos para decir lo mismo o decirlo más fuerte.

Generalmente no se piensa que cualquier comportamiento, por más absurdo que parezca, tiene un sentido positivo para la persona. La falta de lógica de un comportamiento en uno de los negociadores es idea de su contraparte, no del que lo realiza. Por esta razón, se tiende a obviar el análisis de la situación desde el punto de vista del otro y no se piensa en lo que puede estar llevando a decir no.

Sugerencia: reencuadrar la situación pensando que la contraparte, al igual que cualquier ser humano, es realmente persuadible y que si no lo hace, alguna razón habrá. Dedicar tiempo a pensar cómo ve o piensa la contraparte la situación, puesto que si se logra entender la razón de su negativa, se estará en mejores condiciones de cambiar la propuesta y elaborar una que convenga a los intereses propios pero que pueda ser respondida afirmativamente por la contraparte. Para hacerlo se sugiere seguir los siguientes pasos:

- Pensar cuál es la pregunta que la contraparte cree que se le hace y a la que está respondiendo no. La clave de este paso es acercarse lo más posible a la pregunta que él o ella percibe y no a la que se cree que se le está haciendo o a la que se quisiera que estuviera escuchando.

- Siguiendo la pregunta, crear dos columnas, una bajo el rótulo de «Si digo sí» y la otra bajo el rótulo de «Si digo no».

- Anotar debajo de cada columna, cuáles son para la contraparte las consecuencias de responder sí y cuáles las de responder no a la pregunta que entiende que le está haciendo.

- Poner un signo (+) delante de las consecuencias que consideren positivas para la contraparte y uno (-) delante de aquellas que se consideren negativas. Dado que la respuesta está siendo no, podrá corroborarse que las consecuencias negativas de decir sí y las positivas de decir no, predominarán y resultará evidente que de no cambiar este balance, la contraparte continuará diciendo no.

- Tomando en cuenta la información sobre las consecuencias que resultarán, el desafío es crear una nueva propuesta, inventar nuevas opciones que en su contenido satisfagan los intereses propios, pero que consideren los de la contraparte, de manera que decir sí tenga para ella, más consecuencias positivas que decir no y viceversa.

- Buscar los criterios de legitimidad, los estándares objetivos ajenos a su voluntad o deseos, que le permitirían a la contraparte, no sólo sentir que le conviene decir sí a la nueva propuesta, sino qué es lo que debe hacerse, qué es lo correcto, lo justo.

- Decidir la mejor estrategia de comunicación de la nueva propuesta. En qué momento, en qué lugar, en qué circunstancias, de qué forma, por qué medios, etc., la propuesta tendría las mejores posibilidades de ser aceptada.

- Buscar la forma de hacerle ver a la contraparte que el tiempo correrá en contra, que la oferta no mejorará sino, al contrario, existen razones por las que se irá desvaneciendo.

- Ayudar a construir un puente de plata. Pensar quién podría criticarlo en caso de contestar afirmativamente, cuál podría ser la crítica que se le haría. Generar ideas sobre cómo podría explicar su decisión, si se estuviera en el lugar de la contraparte.

Si no pueden encontrarse respuestas adecuadas para alguno de los pasos, creo que si usted estuviera en el lugar de la contraparte, seguiría contestando que no.

Diagnóstico: los negociadores discuten a nivel de conclusiones. Cuando dos o más personas discuten a nivel de grandes conclusiones, lo hacen en forma estéril, ya que es muy difícil persuadir en esas circunstancias. A una generalización de una de las partes, sigue otra igual o mayor de la contraparte, en un juego inútil y sin fin; una escalada verbal que atrinchera a los participantes y en ocasiones termina estropeando la relación de trabajo. En estos casos, la razón del estancamiento es que:

- Una o ambas partes hacen un diagnóstico apresurado y tal vez equivocado o subjetivo del problema o de sus causas.

- Una o ambas partes saltan directamente a una propuesta posicional de solución.

Cuando esto sucede, el curso de una negociación puede complicarse porque cualquiera de las dos situaciones o ambas combinadas, limitan las posibilidades y el pensamiento creativo y con frecuencia acorralan la negociación, especialmente si son pronunciadas en forma absoluta pudiendo llevar a una escalada de confrontación inefectiva para la solución real del problema.

Por ejemplo: (Departamento X) Nosotros merecemos la mayor parte de esta bonificación porque nos hemos esforzado más que ustedes.

(Departamento Y) Ustedes están locos, en realidad sólo hicieron el contacto con el cliente, nosotros hicimos el trabajo duro.

(X) Duro no, el trabajo de ustedes es mecánico, el nuestro es creativo.

(Y) Sí, pero nosotros arreglamos los errores que ustedes cometen, por eso nos merecemos 80% y ustedes 20%. Es la fórmula que les proponemos, es lo justo, lo razonable en este caso.

Sugerencia: no reaccionar discutiendo la conclusión, reencuadrar:

- Entender y ampliar el marco de referencia del otro. Buscar los datos y las interpretaciones que la otra parte hizo de los mismos para llegar a sus conclusiones.

Preguntar, buscando con interés, el punto de vista, las percepciones de la realidad, los razonamientos posteriores de la contraparte, y escuchar atentamente para entender, aunque no se comparta.

Por ejemplo: ¿Qué están tomando en cuenta cuando dicen que se han esforzado más? ¿A qué se refieren? ¿Qué los lleva a concluir eso?

Hacer lo mismo en el caso propio. Cuando se exponga una conclusión, explicar a la contraparte, cuáles son los datos de la realidad que se perciben y qué se ha tomado en cuenta, así como las interpretaciones que llevan a concluir de una manera determinada. Encontrar un punto de acuerdo a nivel de datos, es infinitamente más fácil que a nivel de conclusiones.

♦ Utilizar las herramientas del metamodelo lingüístico del capítulo «¿Entendió? No», para desafiar las transgresiones verbales que se descubran, para entender qué es lo que la contraparte realmente quiere decir cuando dice lo que dice.

Por ejemplo: déjenme entender, ¿qué significa trabajo duro en este caso específicamente? ¿A qué errores específicamente se refieren y cómo específicamente los están arreglando?

♦ Usar la herramienta de cuatro cuadrantes.

Ante una situación problemática, una herramienta para iniciar el reencuadre es diagnosticar en cuál de los cuadrantes conviene colocar la conversación. Si alguien está sacando conclusiones, la mayoría de las veces podrá ubicarse la conversación en los cuadrantes II o IV correspondientes al diagnóstico o la solución de un problema. La idea es reencuadrar llevando do la conversación a otro cuadrante.

◆ Cuando la conclusión se refiere a un diagnóstico categórico (cuadrante II). no hay que dejarse atrapar por la tentación inicial de discutirlo. Conviene moverse al cuadrante de síntomas y signos (cuadrante I), con la finalidad de averiguar qué síntomas y signos de la contraparte se han tomado en cuenta para llegar a esa conclusión, así como diagnosticar cuáles han quedado fuera del marco de referencia propio, que tal vez permitan llegar a diferentes conclusiones.

Por ejemplo: ¿Qué datos están tomando para hacer esas afirmaciones?

¿Han considerado...? ¿De qué manera evalúan...?

◆ Cuando la conclusión se refiera a una solución específica o posicional sobre el problema (cuadrante IV), no debe asumirse que es realmente la única solución y discutirla como tal. En lugar de eso, hay que moverse al cuadrante III, de posibles soluciones y transformar la propuesta de única, a una posible entre varias.

Por ejemplo: esa fórmula es una posibilidad. Otra es que nombremos a alguien neutral, en cuyo juicio y equilibrio ambos confiemos, con el fin de que establezca criterios objetivos para que arbitre en este caso.

También se podría ir hacia el cuadrante II, para entender y eventualmente cuestionar el diagnóstico que esa solución busca abordar, e incluso retroceder al cuadrante I, a la búsqueda de los datos tomados en cuenta para tal diagnóstico. Después, pueden recorrerse de nuevo los cuadrantes en sentido horario para enmarcar y resaltar nuevos datos (cuadrante I), otros posibles diagnósticos o causas (cuadrante II), otras posibles soluciones (cuadrante III) que aporten más creatividad y valor agregado que la propuesta anterior, para ambas partes.

Por ejemplo: otra posibilidad es que en lugar de dividirlo, usemos el dinero o parte de él, para mejorar la guardería del banco, de lo cual todos nuestros hijos saldrían beneficiados y probablemente también nuestras relaciones futuras. Podríamos incluso establecer una comisión para que, con tranquilidad y tomando en cuenta todos los datos y la información disponible, cree un reglamento que fije la manera de dividir los futuros bonos que cualquiera de los departamentos reciba.

Diagnóstico: alguien dice una frase «pesadilla». Una frase «pesadilla», en el sentido que quiere dársele a la expresión, es aquella que encierra la combinación de un diagnóstico de situación y una resolución inconveniente en el tema de la negociación, ambas encerradas en una relación de causa-efecto o una equivalencia compleja, es decir, que una cosa equivale a otra o que un hecho presente ha sido causado por otro anterior. Para que la relación causal sea verdadera y el razonamiento sea legítimo para ser aceptado, deben cumplirse ciertas condiciones. Si entre otras, la causa invocada no es suficiente para producir el efecto o resultado, si puede existir alguna otra causa, si alguna vez se demostraron efectos diferentes y si la causalidad no puede demostrarse, es posible pensar y generar nuevas opciones.

Por ejemplo: se está presupuestando un trabajo de consultoría para un cliente y éste advierte: ustedes cobran mucho. No puedo gastar tanto.

Sugerencia: reencuadrar utilizando una o varias de las siguientes herramientas lingüísticas:

- ◆ Cuestionar las definiciones y redefinir: sustituir una de las palabras claves de la afirmación o frase por otra que tenga un significado similar, pero con implicaciones diferentes.

   Por ejemplo: no se trata de un gasto, en realidad, es una inversión.

- ◆ Señalar las posibles consecuencias negativas: dirigir la atención de la contraparte al marco de las consecuencias negativas de su expresión.

   Por ejemplo: ¿Ha pensado en los gastos que acarreará no solucionar el conflicto que los afecta?

- ◆ Apuntar a la intención. Dirigir la atención al propósito o intención positiva (o negativa) de la relación causa-efecto definida en la expresión.

   Por ejemplo: la idea es buscar seguramente la mejor relación costo-beneficio.

- ◆ Usar un contraejemplo: encontrar excepciones, uno o más ejemplos que no encajen en la relación definida por la expresión.

   Por ejemplo: a veces lo barato sale caro. Permítame contarle lo que me pasó...

◆ Fragmentar, reducir: pasar de un elemento específico a uno que lo sea más. Descomponer en elementos menores a efecto de que pueda cambiarse la relación causa-efecto definida por la expresión.

Por ejemplo: ¿Qué parte de nuestra propuesta podría contratar?

◆ Generalizar, aumentar: pasar de un término específico a la categoría general a la que pertenece. Mostrar la inclusión de un elemento en una clasificación u orden más amplio.

Por ejemplo: Toda buena consultoría es siempre una inversión importante.

Encontrar un objetivo más importante: ayudar a la contraparte a descubrir un objetivo más significativo. Desafiar la relevancia de la expresión y cambiar a otro objetivo o tópico de mayor valor eventual.

Por ejemplo: cuando hay que enfrentar dificultades como las que ustedes tienen, el asunto no es pagar menos, sino contratar la asesoría más adecuada y resolver el problema.

Utilizar una analogía: encontrar una analogía simple (o metafórica) a la relación definida, pero que tenga diferentes implicaciones.

Por ejemplo: mucha gente opinó parecido cuando contrataron al nuevo entrenador de la selección francesa de fútbol, pero los sacó campeones mundiales.

Subir en la jerarquía de criterios: revaluar la afirmación con base en un criterio que pueda ser más importante que el de la expresión. Mostrar que la propuesta busca satisfacer ese valor más alto en su jerarquía.

Por ejemplo: estoy seguro que usted estará de acuerdo en que es más importante resolver este conflicto, de manera rápida y ecológica, que ahorrar algunos dólares.

Cambiar el tamaño del marco temporal: revaluar las implicaciones de la expresión en un espacio de tiempo más grande (o más pequeño).

Por ejemplo: entiendo que le pueda parecer caro hoy, pero con el tiempo, cuando lo compare con los beneficios, esto le parecerá nada.

Dar a la consecuencia una causa diferente: revaluar la expresión desde otra perspectiva, estableciendo una nueva relación causa-efecto acerca de la propia afirmación.

Por ejemplo: es posible que piense que no pueden pagar eso porque no tienen fe en ustedes mismos.

Aplicar la lógica de la contraparte: usar la misma relación de la contraparte, cambiando la causa por el efecto y viceversa.

Por ejemplo: en realidad, la creencia de que no puede gastar tanto podría salirle muy cara.

◆ Usar otra referencia: revaluar la expresión desde el punto de vista de otro modelo, desde una perspectiva diferente.

Por ejemplo: En realidad puede parecerle caro, pero gente con experiencia en asesoría le dirá qué es un trato justo.

◆ Desafiar la realidad: buscar las percepciones desde las que opera la contraparte para construir una realidad.

Por ejemplo: ¿Cómo sabe que es caro? ¿Comparado con qué específicamente?

Recomendación final

Diagnóstico: se desea aplicar un reencuadre en una negociación o fuera de ella.

Sugerencia: no usar «Sí, pero». Elegancia y tosquedad no se llevan bien.

Reencuadrar es el arte de lo posible, una forma de abrir la mente a nuevas y mejores posibilidades para ambas partes en una negociación.

Si se usa con ingenio y talento, los resultados serán muy positivos para ambas partes.

Si se usa en forma negativa, para perseguir y acorralar a la contraparte, entonces podrá escribirse un capítulo sobre el arte de obtener malos resultados.

«Algunos ven el vaso medio vacío, otros ven el vaso medio lleno. Yo creo que el vaso es muy grande».

George Carlin.

Resumen

Nadie puede eliminar completamente todas las situaciones estresantes o difíciles de la vida; sin embargo, es posible generar recursos para manejarlas.

He buscado, a través de los distintos capítulos de este libro, poner a consideración algunas ideas, conceptos y herramientas extraídas del campo de la psicología, combinadas con una metodología de negociación, que ayuden a resolver de una manera más eficiente y elegante las situaciones conflictivas que inevitablemente hay que afrontar en el transcurso de su vida.

Los temas tratados no pretenden ser los únicos a considerar dentro del objetivo planteado, pero los aquí presentados pueden ayudar a:

♦ Generar una relación de confianza, credibilidad, empatía y buen clima en las negociaciones, condiciones sin las cuales es difícil obtener buenos resultados.

♦ Saber cómo hacer para, a través de algunos datos, categorizar de manera útil a las personas con las que se negocia y sus estilos de negociación, de forma que no sólo puedan preverse algunas de sus respuestas y comportamientos, sino que, mediante la flexibilidad se pueda aumentar la capacidad de persuasión, ajustando la comunicación y la estrategia a las formas de ver el mundo y al lenguaje de la otra persona.

♦ Contar con un recurso importante para desarmar las situaciones donde haya enojo y, en lugar de escalar en agresividad, ser capaz de desactivar el mecanismo y liderar de manera racional la situación, hacia formas más eficientes de solución.

♦ Evitar los malentendidos durante el proceso de negociación y después, cuando las partes deban cumplir lo acordado.

♦ Lograr pasar de una actitud reactiva a una proactiva en las negociaciones, para diagnosticar primero qué pasa y luego responder, buscando combinar aquello que nos gusta con lo que conviene y es legítimo hacer.

♦ Salir de los antiguos patrones de negociación, especialmente cuando no han dado o no están dando buenos resultados y cambiarlos por un estilo flexible y asertivo, basado en una metodología efectiva y una filosofía de ganar-ganar.

♦ Pensar y descubrir la capacidad de asumir riesgos, así como la manera para no oscilar de un extremo a otro: pasar del conservadurismo absoluto que paraliza, a una actitud temeraria, donde ninguna consecuencia es calculada.

♦ Saber detectar y defenderse de manipulaciones, en especial de aquellas que, como la culpa y el soborno, son difíciles de percibir por solapadas y encubiertas y, a la vez contar con un método que permita conseguir lo que se quiere, sin necesidad de manipular a los demás.

- Reconocer si lo que practica en la negociación es en realidad un ritual, donde los movimientos y el final son predecibles: un juego psicológico donde desde distintos papeles (perseguidor, víctima o salvador), se juega en busca de un seudobeneficio, o de una actividad, es decir, una serie de transacciones conducidas por un adulto informado, que trabaja con un método.

- Entrar en el fantástico campo del relativismo de todas las cosas, en el mundo de los mecanismos de percibir, interpretar y concluir acerca de lo que sucede, fuente de nuestra desgracia, felicidad o fortuna. Conocer formas de transformar, no los hechos, que son inmodificables, sino sus significados y, de esta manera, crear más opciones de influir, liderar, solucionar diferencias y lograr una mejor calidad de vida.

En fin, el objetivo de este libro es exponer ideas distintas, nuevas opciones, más posibilidades, más versatilidad, con la confianza de que cada persona sabrá descubrir, tomar y adaptar los conceptos y herramientas que considere útiles. A diferencia de un computador, ningún virus va a borrar los recursos con los que cada uno cuenta, de manera que lo único que puede pasar, es que el lector amplíe su repertorio, ese es el objetivo final.

Palabras de sabiduría

«Una delegación concurrió a casa de Nasrudín a pedirle que diera una charla a la gente del pueblo.

— ¿De qué quieren que les hable?, preguntó Nasrudín.

— Bueno, eso no tiene importancia, dijeron los delegados. Lo que queremos es que nos diga algunas palabras de sabiduría.

— Muy bien, contestó Nasrudín, por favor reúnan a la gente el viernes por la tarde en la plaza que voy a hablarles.

El viernes una multitud se agolpaba en la plaza y cuando Nasrudín apareció, un tremendo silencio comenzó a recorrerla.

— Tengo unas palabras de sabiduría para decirles, comenzó Nasrudín, y en aquel momento el silencio se hizo sepulcral.

— ¿Querrían saber, cómo se hace para ganar dinero sin trabajar, tener conocimiento sin estudiar y habilidad en algo sin practicar?

La gente comenzó a mirarse, primero sorprendida, después entusiasmada y luego empezó a decir cada vez más alto: ¡Sí, sí. Por supuesto que queremos!

—Bueno, contestó Nasrudín, —Si alguna vez llego a saber cómo se hace eso, vengo hasta aquí y se los digo».

Capítulo 11

¡NO MATEN MARIPOSAS!

Una guía estratégica para resolver conflictos desde situaciones de aparente poco poder o...
"más vale maña que fuerza"

Efecto mariposa

> *"El batir de las alas de una mariposa en un extremo del mundo, puede provocar un tornado en el otro extremo".*

> *"Hagan que las partes en una negociación o en un conflicto tomen asiento juntas o formando un ángulo en la esquina de una mesa y que coloquen delante de ellos un block de hojas o un papelógrafo donde figure el problema".*

> Prof. Roger Fisher

Cuando Roger Fisher repetía este consejo en sus clases en Harvard, siempre creí que era una interesante recomendación, en especial por lo diferente a lo que se acostumbra a ver en este tipo de situaciones, donde lo usual es que las partes en una negociación de cualquier tipo (más aun si se trata de un conflicto), ubiquen sus asientos en los lados opuestos de una mesa.

"Estamos enfrentados", es la silenciosa pero potente transmisión no verbal de estas escenas que a veces se refuerzan usando banderitas, escudos o carteles que identifican y representan las facciones en pugna y marcan sus respectivos territorios.

"Tenemos un problema entre nosotros" dicen los papeles que se encuentran arriba de la mesa, interpuestos entre ambas partes, donde cada una de ellas ha escrito "su" versión del tema, su propio punto de vista y que por la forma en que están sentados podría suponerse que es "opuesto".

Difícilmente alguien encargado de organizar la disposición del salón o la mesa de negociaciones sabe, puede o se anima a hacer algo para cambiar esta situación, esta forma tan inconveniente de comenzar una negociación.

Muchas veces incluso, son absurdos protocolos los que determinan dónde, al lado de quién, o delante de quién, etc., se debe sentar tal o cual representante o funcionario de una empresa o de un gobierno.

Cuando se trata de delegaciones o equipos de negociadores, aun sin que existan reglas o marcadores de territorios del tipo mencionado, es interesante observar cómo aquellos pertenecientes a una facción o grupo, siguiendo un instinto natural y casi ancestral, llegados a la sala, se congregan, se aprietan y buscan ubicarse distantes de su contraparte, con la que a veces ni siquiera tienen un diferendo; tan sólo no se conocen.

A diferencia de esto, la escena como la que Fisher sugiere, genera de manera implícita una *comunicación*, un mensaje completamente diferente. Sin necesidad de muchas o muy finas interpretaciones, esta disposición psicográfica de los negociadores, transmite a los ojos de cualquier observador, el siguiente mensaje: *"El problema no está entre Ud. y yo sino, Ud. y yo tenemos un problema en común que tenemos que resolver"*.

El enorme poder de lo sutil

¿Será posible que algo tan pequeño, tan sutil como cambiar la ubicación de los negociadores en un conflicto, logre un efecto dramático o realmente significativo?

En realidad, sí.

Medir los posibles resultados de un pequeño cambio en el proceso de una negociación en función de su "aparente" magnitud, puede ser un tremendo error.

La vida entera está plagada de ejemplos donde un cambio mínimo en el proceso, puede afectar dramáticamente los resultados, tanto se trate de la preparación de una receta de cocina, un gene humano, como de la comunicación e interrelación en una negociación compleja.

Briggs y Peat en su libro "Siete Lecciones Vitales del Caos" relatan que Edward Lorenz, meteorólogo y uno de los fundadores de dicha teoría, se encontraba testeando un modelo simple de predecir el estado del tiempo, usando sólo tres elementos: velocidad del viento, presión barométrica y temperatura, pero utilizados en tres ecuaciones emparejadas de tal manera que los resultados de una alimentaban a la siguiente.

Al parecer, Lorenz había realizado un largo cálculo y precisaba chequear los resultados. Debido a que en aquel entonces no contaban con las veloces computadoras que hoy tenemos a disposición, Lorenz decidió tomar un atajo en los cálculos, considerando en aquellos, tan sólo tres decimales en lugar de seis. Presuponía que esta pequeña modificación en los cálculos, podría introducir un error de aproximadamente 0.1% en los resultados desde el punto de vista matemático y por supuesto, esperaba un grado similar de error en sus pronósticos del tiempo.

Su sorpresa fue tremenda al ver lo poco que tenía que ver la nueva predicción con la primera efectuada utilizando 6 decimales. Rápidamente cayó en la cuenta que era el mecanismo de retroalimentación iterativo entre las ecuaciones (un mecanismo circular de causa efecto), el responsable del resultado tan disímil en los pronósticos.

Este fenómeno que los matemáticos conocen como *"sistema no lineal"* (circular) y que en psicología conocemos como *cambio de tipo II* o *cambio del cambio* o *metacambio* (P. Watzlavic, R Fish y otros), motivó a Lorenz a transformarse en uno de los iniciadores de la conocida *teoría del caos*.

Mientras en los sistemas lineales las relaciones de causa efecto son en general predecibles, en los "sistemas caóticos", no lineales, una minúscula partícula, un pequeño error, un sutil cambio, *el batir de las alas de una mariposa*, puede, en determinadas circunstancias, explotar en una forma impredecible que transforma todo el sistema en cuestión, con un final de consecuencias absolutamente inesperadas, como los resultados de los cálculos de Lorenz.

Esta forma de ver las cosas, no es para muchos de nosotros la forma habitual de pensar acerca de los problemas, resolver los conflictos, ni de ver el mundo en el que vivimos.

Por el contrario, no sólo es frecuente que nuestra forma de pensar sea absolutamente lineal, sino que vaya acompañada muchas veces, de una visión de cortísimo plazo y casi una ceguera de los efectos a largo plazo de algunas de nuestras acciones.

Gran cantidad de los tremendos problemas ecológicos a los que nos vemos enfrentados hoy en día, están basados en esta combinación de un pensamiento lineal y una visión de corto plazo respecto a los resultados o efectos de algunas cosas que hacemos.

No creemos que algo que hoy estamos haciendo, porque nos parece pequeño, pueda tener consecuencias impresionantes e imprevisibles en un futuro más o menos alejado, o no encontramos siquiera la relación entre ambos fenómenos.

A la inversa, no consideramos que algo «pequeño», hecho o aplicado en el momento y lugar adecuado, pueda resolver problemas muy complejos, un conflicto de muchos años o cambiar el mundo.

Esta forma de pensar tiene sus razones.

A) En realidad, muchos problemas a los que nos vemos enfrentados a diario se solucionan pensando o razonando linealmente, en un mecanismo donde causa y efecto se perciben rápida y claramente relacionados.

Si alguien en su casa tiene frío, sube la calefacción; si continúa con frío sube la calefacción un poco más y en general, en un sistema así planteado, siguiendo una lógica lineal, resuelve en determinado momento la situación. Sin embargo, en los sistemas humanos, a diferencia de los sistemas de calefacción (mecánicos), las cosas no siempre funcionan así, para bien o para mal. Por ejemplo, todos los lectores de este artículo deben haber tenido alguna vez alguna noche de insomnio. Una lógica lineal, como la de frío / calefacción / frío / más calefacción, sugeriría, como solución del insomnio, algo como: *si está con insomnio "trate" de dormir, si aún no puede, "trate con más ganas"*. Creo que todos los lectores saben también cuáles serían los resultados de esa maniobra.

Otro ejemplo: qué piensa Ud. que siente una persona que está deprimida, cuando algún amigo o familiar, siguiendo una lógica de tipo lineal le dice: "¡vamos arriba che, cambiá esa cara que no es para tanto, alégrate un poco, no te pongas así!" y, si esto no le da resultado, le da un fuerte golpe en la espalda y con más energía en su voz, intenta otra vez levantarle el ánimo.

Seguramente esa persona no sólo no sale de su depresión, sino que frecuentemente empeora, ya que además de deprimido, su amigo o familiar le está diciendo implícitamente que no sabe dimensionar los problemas, que su reacción es exagerada para la situación, que su actitud no tiene sentido.

Como en estos ejemplos, siguiendo esa lógica lineal, a veces no sólo no solucionamos nuestros conflictos o diferencias, sino que los agravamos. Aquello de *"si un martillo no dio resultado, usemos un martillo más grande»* en muchos casos decididamente no funciona.

Ésta es la lógica y el mecanismo que están detrás de muchas escaladas bélicas (escaladas simétricas), donde el sistema lineal de pensamiento puede perdurar obsesivamente por generaciones, llevando a todos los involucrados o relacionados, a la total desesperanza en cuanto a la posibilidad de una solución pacífica del problema.

Algunos de esos problemas o conflictos "parecen" resistir todos los esfuerzos realizados y *"todo lo que resiste, persiste"*.

Decididamente en estas circunstancias, los involucrados están atrapados por la lógica, dando una y otra vez una misma solución a un problema mal planteado, metidos en lo que los científicos del caos han decidido llamar un *ciclo limitado o un sistema cerrado.*

Casi cristalizados como una mosca en un trozo de cuarzo, perpetúan un comportamiento robóticamente, reforzando un patrón inútil o inexitoso, empeorando la situación con *más de lo mismo.*

B) Algunas veces la distancia o el tiempo que separa causas de efectos, es la razón por la que no percibimos su relación y *circularidad.* Los desastres provocados en las empresas por planes creados por gerentes trepadores y cortoplacistas, muchas veces son percibidos cuando aquel, paradójicamente, fue ascendido a un cargo de superior jerarquía, algunas veces en el exterior, o ya no pertenece a la compañía, habiéndose retirado como un héroe. Muchos de los desastres ecológicos que hoy los seres humanos estamos creando, tendrán sus manifestaciones evidentes dentro de años y algunos de los problemas que hoy experimentamos, tuvieron su origen en acciones impensadas, por ignorancia o criminales, realizadas en ocasiones, hace lustros.

C) Otras veces, es la aparentemente insignificante magnitud de la causa la que nos hace perder de vista su relación con algo que está sucediendo. Todos los que son alérgicos (que hoy somos la mayoría) y aquellos que por suerte no lo son, pero que seguramente conocen a alguien alérgico, saben de qué les estoy hablando. Como médico he asistido y visto personas morir en un shock anafiláctico (alérgico) por la ingestión de un sólo marisco o la simple picadura de una abeja. ¿Qué sucedió? Un sistema caótico, un sistema circular (no lineal) de causa efecto, determinó tan fenomenal desenlace, ante tal minúsculo estímulo inicial.

"Dios y el diablo están en los detalles"

En este tipo de sistemas abiertos, todo está interconectado y sujeto a amplificaciones, bifurcaciones, cambios, circuitos iterativos de retroalimentación positiva o negativa, de manera que de golpe, aquello que considerábamos poco probable, impredecible o imposible, sucede, explota ante nuestras narices.

Es así que, en la vida en general, (al igual que en los conflictos en los que participamos), no podemos percibir o comprender, de qué manera, algunas de nuestras propias acciones, son las determinantes de resultados algunas veces indeseables, otras favorables, para nuestros intereses.

Pensamos que, para solucionar problemas de mucha magnitud, "siempre" es necesario aplicar soluciones también de gran magnitud o complejidad (a grandes clavos, grandes martillos), lo que ciertamente "algunas" veces es necesario, pero muchas otras, no.

En ocasiones nos planteamos objetivos tan grandes que se vuelven utópicos o inabordables (queremos la paz o la felicidad en el mundo), o nos ponemos una trampa mortal exigiéndonos o exigiendo a otros traer "la mejor opción", "la mejor idea" para solucionar un problema.

En los conflictos y negociaciones, estimulados por nuestra lógica a buscar soluciones lineales y muchas veces, a buscar "*la*" solución, no sólo creamos y aumentamos los problemas sino que desconfiamos de, y descartamos posibles soluciones por su forma, su dimensión, su rareza, por el momento y hasta por de quién provienen. No podemos comprender o no queremos admitir que algo que parece insignificante, o es tan pequeño o sutil que puede pasar desapercibido, pueda tener un efecto impresionante. Sin embargo, por suerte o por desgracia, es así: "*Dios y el diablo están en los detalles*".

Escépticamente decimos: ¿cómo puede influir la forma en que los negociadores se ubiquen en la mesa en este terrible problema que ha durado decenas de años?

Frecuentemente, en una escala creciente de descalificación, descartamos nuestro poder para hacer algo, a veces el de otros y en ocasiones el de todos, diciendo descreídamente: *esto no lo arregla nadie*, entrando o reforzando el sistema cerrado.

Sin embargo: "*Ningún hombre es una isla*". John Donne.

"*Somos parte de un todo. Cada elemento particular influye en la dirección de todas las otras cosas en el sistema. El poder de la mariposa permite lo imposible.*"
"*A través del caos, un individuo o un pequeño grupo de individuos puede profundamente y sutilmente, influenciar el mundo entero*".

J. Briggs y F. D. Peat.

Una de las claves para poder resolver esa sensación de desesperanza, de descalificación y de impotencia que nos invade frente a muchos de los conflictos y problemas que nos parecen hoy insolucionables, es precisamente pensar que aun desde una posición aparentemente débil o de poco poder, una acción inteligente y a veces aparentemente insignificante, puede tener efectos inesperados e influir en todo el sistema.

Hace unos años, me llamaron para facilitar una reunión entre un grupo de criadores de gallinas ponedoras o productores de huevos.

La situación era la siguiente: desde hacía mucho tiempo habían entrado en una guerra de precios que los había conducido a un "ciclo limitado" o sistema cerrado. El único mecanismo que todos encontraban para mejorar su situación individual era bajar los precios que sus supuestos competidores ponían en el mercado.

Haciendo más de lo mismo, habían llegado a un punto donde estaban, no ya ganando poco, sino perdiendo. Habían generado una verdadera «escalada simétrica a la baja» donde en lugar de con bombas, morteros y misiles, "la guerra, era de precios".

En el momento que tomé contacto con la situación, los precios estaban tan bajos que cada productor perdía promedialmente U$S 1 por cada caja de huevos que contiene 30 docenas cada una. Entre todos los productores sumados, la pérdida estimada era de U$S 600.000 mensuales (U$S 7.200.000 anuales).

El mecanismo era realmente perverso, pues como es fácil imaginar, la baja de precios no era acompañada de un aumento en el consumo; nadie se come cuatro huevos fritos en lugar de dos porque los precios de los huevos estén bajos. Los únicos beneficiados de este mercado eran sus clientes intermediarios, entre ellos las grandes cadenas de supermercados.

Claro que habían hecho intentos de ponerse de acuerdo para aumentar los precios, pero el corolario de cada intento y cada acuerdo realizado, era una traición de alguno de los productores que pensaba linealmente que bajando los precios podía vender más y sacar alguna ventaja de corto plazo respecto a sus competidores, sin valorar los consecuencias del largo plazo de su acción sobre el sistema.

En algunas ocasiones pienso que el circuito ni siquiera comenzaba por una traición real. Era tal la falta de confianza entre ellos, que muchos prestaban oídos a sus clientes cuando éstos, usando aquello de "divide y reinarás", les decían que fulano de tal, (otro productor), les había hecho una oferta de menor precio. Sin verificar la certeza de lo que les decían, reaccionaban rebajando su precio, iniciando, ahora sí, la verdadera cadena de traiciones y de profecías de autocumplimiento.

Comenzamos la mañana de trabajo con el grupo de productores, con un ejercicio de sensibilización acerca de temas como credibilidad, confianza, manejo de suposiciones, determinación de cómo definimos quiénes somos "nosotros" y quiénes son "los otros" y algunos otros tópicos que creí conveniente tratar, dada la situación.

Al finalizar este ejercicio, realicé una demostración que, a mi forma de ver, cambió la dinámica repetitiva de este circuito cerrado y creó un punto de inflexión en el devenir de los acontecimientos.

Calculé cuánto significaba en huevos por día, por hora, por minuto y por segundo, la suma de U$S 600.000.

La cifra resultante que utilicé para materializar la pérdida incurrida por el grupo mensualmente fue la de 6.5 huevos por segundo. Hice preparar 10 bolsas transparentes de nylon, cada una con 6 huevos, ya que no podía poner medios huevos (al menos, no naturales), las que mantuve escondidas hasta el mediodía.

Cuando decidí que había llegado el momento oportuno, pedí a uno de los productores asistentes a la reunión que me hiciese el favor de contar 10 segundos de a uno por vez, en voz alta, usando su reloj.

Cada vez que mencionaba un número, yo estrellaba contra el suelo una de las bolsas conteniendo 6 huevos, hasta llegar a la décima.

Como podrán imaginar, por un lado esto provocó un gran enchastre, porque algunas de las bolsas no resistieron el impacto y dejaron salir su contenido. Por otro, los que tampoco resistieron el impacto fueron los productores.

A medida que una a una las bolsas caían al suelo, las caras de los presentes se transformaban. Algunas leves sonrisas del comienzo, dieron paso a expresiones de sorpresa, que terminaron en rostros realmente serios cuando poco a poco comenzaron a comprender el concepto encerrado en aquella metáfora.

La silenciosa escena fue conmovedora, mudos y como clavados a las sillas me escuchaban de una manera como pocas veces me sentí escuchado.

Sin embargo, mis palabras explicando que aquello era lo que ellos estaban haciendo en la vida real, destrozando a una velocidad extraordinaria y mediante un sistema perverso lo que producían con tanto trabajo y sacrificio, por momentos me parecieron redundantes.

Después del almuerzo y aunque resulte casi increíble, firmaron un acuerdo sobre precios al mercado de los huevos, algo que desde hacía tiempo ya ni intentaban.

Sin embargo, la duda de si ese acuerdo sería respetado, estaba todavía en la mente de todos ellos.

Por esta razón me solicitaron una nueva reunión con el objetivo de que facilitase las negociaciones venideras y sobre todo para analizar qué podían hacer para asegurar la continuidad del acuerdo.

En esa reunión, después de conversar acerca de sus objetivos y algunas ideas sobre el proceso que les proponía, como era de esperar, me preguntaron acerca de mis honorarios. Les dije que les cobraría las horas de consultoría que el proceso llevase a las tarifas habituales de CMIIG y además, si lográbamos el objetivo mínimo de que dejaran de perder, deberían pagarme el 10% de las pérdidas actuales de un mes, es decir U$S 60.000.

Para ser breve, salieron dispuestos a pensarlo, pero no obtuve ese contrato, ni volvimos a trabajar sobre el tema.

Sin embargo, las últimas noticias que tuve de ellos, es que mantenían su acuerdo y que habían aumentado sus precios en U$S 8 por caja, lo que claramente superaba el objetivo mínimo inicial de dejar de perder.

¿Qué operó el cambio? ¿Qué sucedió, para que a pesar de no haber facilitado realmente ninguna sesión de discusión o una negociación formal, las cosas se encaminaran de una manera hasta ese momento inesperada y favorable para el grupo?

Tal vez alguien podría argumentar que en este desenlace influyeron muchos factores y así es. Sin embargo, la condición faltante, lo que efectivamente desencadenó el cambio, fueron dos aparentemente «minúsculos» acontecimientos, (que en alguna otra versión de esta historia probablemente ni siquiera queden registrados) y el «efecto mariposa» en acción.

El primero, "la tortilla de huevos", mostrando el resultado de su guerra de precios, que cambió la percepción abstracta de una cifra de dinero (US$ 600.000) a algo tangible, medible y evidentemente doloroso por su significado para un productor: destrozar 6,5 huevos por segundo.

El segundo acontecimiento significativo fue darse cuenta que, para que yo los ayudase a hacer algo que podían hacer perfectamente solos, debían pagarme más de U$S 60.000, cosa que conociéndolos, no iba muy bien con el espíritu austero y conservador de este grupo de granjeros.

Un sistema abierto y el efecto mariposa hicieron el resto.

♦ Un caso internacional

El ex presidente de Ecuador, el Dr. Jamil Mahuad y el Prof. Roger Fisher se conocieron en Harvard, cuando Mahuad concurrió a tomar uno de los famosos cursos de negociación.

Cuando Mahuad fue alcalde de la ciudad de Quito, se reunieron un par de veces en aquella ciudad, durante alguno de los viajes de Fisher a Ecuador.

Cuando fue electo Presidente, Mahuad llamó a Fisher diciéndole: "Roger, tenemos que poner fin a esta maldita disputa fronteriza. Es muy difícil que la comunidad mundial nos dé el apoyo que tanto necesitamos mientras estemos comprando aviones para luchar contra Perú. Quiero terminar con este conflicto."

Hasta ese entonces, Mahuad nunca se había reunido con Fujimori, no se conocían personalmente.

Roger concurrió a Ecuador, poco tiempo antes de que Mahuad viajase a Paraguay, donde se iba a reunir con Fujimori.

Haciendo gala de su reconocida genialidad, el Prof. Fisher le hace al ex Presidente Mahuad dos recomendaciones aparentemente pequeñas que crearon "la" diferencia en este conocido y hasta ese momento insolucionable conflicto internacional.

La primer pregunta de Fisher fue, -¿*Cuál es el propósito de esta reunión?* Mahuad le respondió que no era su objetivo inicial arreglar todo el problema, "primero lo quiero conocer" señaló.

-*"Bien, dijo Roger, si tú haces muchas preguntas, él puede sentir que está siendo interrogado. Creo que podría ser más fácil hacer que él te conozca a ti, ya que eso está bajo tu control. Tú podrías hacerle saber que ellos tienen aparentemente un mejor caso con el arbitraje del año 1945 y que debido a que él ha sido presidente por años y tú tan sólo unos pocos días, necesitas sus consejos y su ayuda, ya que frente al Congreso Ecuatoriano no puedes aceptar, sin más ni más, su posición."*

No sería fácil encontrar un mejor ejemplo ni de más elevado nivel de *"la estrategia del vencido"* en acción. En una relación caracterizada hasta ese momento por una escalada simétrica, donde a una actitud arrogante o beligerante de una de las partes le seguía otra más arrogante o beligerante de la otra, Fisher sugiere una aproximación totalmente diferente. Sugiere: en lugar de mostrar los dientes, exponga su cuello, en lugar de intentar asestar un golpe, ponga su otra mejilla.

Imagino el efecto, la sorpresa y las consecuencias ulteriores que este sutil e inesperado planteo tuvo en el presidente de Perú, quien seguramente esperaba un presidente ecuatoriano parecido a los anteriores, que ni siquiera habían intentado conocerlo y negociar personalmente.

-*"Yo en tu lugar conseguiría una foto de ustedes dos sentados uno al lado del otro, no parados, no mirándose el uno al otro, no mirando al fotógrafo, ni sonriendo, ni dándose la mano. Deberían sentarse juntos, sosteniendo y mirando un block de hojas o tal vez un mapa. Cada uno de Uds. sostiene un bolígrafo apuntando al papel sobre el que están trabajando juntos. Esa es la foto que recomendaría."*

Esta fue la segunda recomendación que el Prof. Fisher le dio a su ex-alumno.

Coincido con el Prof. Fisher que esta foto impactó en el público cuando la vio publicada en la edición primera (No. 334) de El Universal de Ecuador. Mayor aún debe haber sido su impacto en la gente de la frontera y en los efectivos militares que la custodiaban así como seguramente lo tuvo en los dos presidentes cuando se vieron ellos mismos de una forma diferente, *trabajando juntos*.

-"*Para mí*, dice Fisher, *construir una relación es por una parte, mostrar que no son enemigos o adversarios. Están juntos tratando de solucionar un problema, ambos están preocupados por el mismo asunto*". Después de esta reunión, Fujimori llamaba a Mahuad una vez por semana para charlar, cuando aparentemente, nunca había hablado con el presidente anterior.

No es fácil cambiar el juego de una dinámica adversarial a una de resolución colaborativa de un problema, pero creo que esta foto ayudó con eso. La imagen pública fue importante: esta gente no está peleando, están trabajando juntos. Fue una jugada que cambió el juego.

Dos sutiles pero ingeniosos movimientos, un sistema abierto y el efecto mariposa hicieron el resto, en la solución de un conflicto de más de 45 años de duración.

Poder: ¿dominio o influencia?

Poder, es un vocablo difícil de definir cuando buscamos hacerlo a través de su enorme variedad de expresiones en la vida real.

Una de las formas comunes de expresión, o tal vez una de la que somos más conscientes o capaces de percibir, es la del poder como control o dominio sobre las cosas, la naturaleza u otras personas.

Si tenemos esa clase de poder, sentimos una ilusión de seguridad; si no la tenemos, la ilusión es de minusvalía o de impotencia.

Sin embargo, la vida está llena de ejemplos que nos sugieren que los sistemas abiertos, los sistemas caóticos, es decir, los sistemas naturales (incluidos los sociales), no pueden ser siempre o por siempre controlados o predecibles a través de ese tipo de poder.

Existen salidas a problemas muy complejos que pueden darse a punto de partida de una aparentemente pequeña acción que, sometida a circuitos de retroalimentación, a veces visibles, otras veces inadvertidos, crean el paradójico poder de lo sutil, el poder de la mariposa.

Como un nuevo ejemplo, tomando el contexto del caso del Prof. Fisher y más allá de ningún calificativo político o juicio de valor, consideremos la imposibilidad por años de los opositores del ex presidente Fujimori de poder cambiar el Gobierno del Perú.

Los métodos tradicionales, incluidos algunos actos violentos como los del día de la asunción del mando, cuando Fujimori fue reelecto por otros cinco años, nada pudieron lograr para cambiar la realidad política del Perú. Nada parecía poder revertir la situación, ni siquiera el poder y la presión ejercida por los organismos internacionales como la O.E.A.

Sin embargo fue suficiente una minúscula cámara de video (una mariposa) colocada en el lugar y el momento apropiados para lograr lo que había sido imposible hasta el momento para todos los partidos opositores y los poderosos organismos internacionales juntos.

La filmación de algunas reuniones "non santas" de Montesinos, uno de los colaboradores más cercanos del entonces presidente Fujimori, liquidaron su gobierno, lo llevaron a aquel a la cárcel y, a este último, a un exilio en el Japón.

¿Cuándo pensar en el efecto mariposa? Los ciclos limitados

Los expertos en la teoría del caos, llaman ciclos limitados a los sistemas naturales que de alguna manera parecen cerrados, porque gran parte de su energía es consumida en reproducir una y otra vez los mismos patrones de comportamiento no exitosos.

Este fenómeno es atemporal y universal; afecta todos los sistemas sin límite de escala o dimensión. Podemos verlo en el seno de una familia, de una empresa, de un país, o inclusive en el comportamiento de un individuo que va por la vida repitiendo una y otra vez, (con aparentes variaciones), un mismo comportamiento fallido.

Estos sistemas parecen resistir todos los esfuerzos por cambiarlos.

El problema radica en varios aspectos:

◆ Descalificación.

"Pueden, porque creen que pueden", decía Virgilio.

Los que creen que pueden y los que creen que no pueden, ambos tienen razón. Los que creen que pueden *a veces* tienen razón y a veces no; los que creen que no pueden, *siempre* tienen razón.

Sólo es necesario que los que participan en un conflicto o en una negociación difícil, descrean en su capacidad para resolverlo, para que el conflicto se perpetúe.

Este mecanismo conocido como descalificación, tiene diferentes grados. Algunas veces se puede descalificar la capacidad propia para solucionar algo, pero pensar que alguna otra persona puede eventualmente hacerlo. Otras veces, puedo descalificar la posibilidad de que un tercero en particular pueda solucionar el problema. Por último, puedo eventualmente llegar a descalificar la posibilidad de que el problema pueda ser resuelto por nadie.

Es la desesperanza, el ceder ante la persistencia o la magnitud aparente del problema, la razón de la imposibilidad de resolverlo.

Un circuito cerrado se mantiene en la medida que todos hayan renunciado a su creatividad en función de mantener las reglas obsoletas del sistema que parecen imposibles de romper o cambiar. Todos los sistemas rígidos, cerrados, cristalizados, sean estos conflictivos o no, dependen para persistir de que creamos que no podemos hacer nada para cambiarlos.

Son las profecías de autocumplimento de los integrantes del sistema, las que mantienen la situación.

Para mantener la situación sólo se necesita que todos los integrantes del grupo se mantengan dentro de la zona de confort, que no desafíen lo establecido, que nadie se pregunte jamás: ¿Qué pasaría si...? y cuando alguien lo haga, se le critique duramente una y otra vez, o se le diga que eso es absurdo e irracional.

◆ Dependencia.

Una variante de la descalificación, es el sentido de dependencia, en lugar del sentido de interdependencia.

Si nuestro pensamiento y nuestra lógica es lineal, si bajo un esquema de poder interpretado como control y dependencia, nos percibimos como una pieza de un organigrama clásico de una empresa, es decir, como parte de una estructura piramidal en la que tal vez no ocupamos uno de los sitiales de aparente autoridad, es muy probable que no percibamos siquiera una mínima posibilidad de contribuir o de provocar un cambio y confundamos autoridad con poder.

Si por el contrario nos considerásemos como parte de un todo interdependiente, como parte de una red donde cada elemento individual influye y es influido por los demás a través de infinitas y complejas interrelaciones, nos daríamos cuenta que, en mayor o menor medida, todos estamos influyendo y siendo influidos constantemente.

Todos tenemos poder en la interdependencia.

¿Quién controla Internet? ¿Existe alguna autoridad como la que estamos acostumbrados a ver, rigiendo los países o las empresas? Por el contrario, son los miles de usuarios, proveedores y clientes de servicios los que interdependientemente manejan, crean, cambian y le dan vida a la red.

Miles o tal vez millones de personas comprando y vendiendo acciones desde todas partes del mundo van a hacer dentro de poco, absolutamente impredecibles la mayoría de los movimientos de la bolsa y harán desaparecer el poder de los llamados "expertos", salvo en la medida que la gente siga creyendo en sus profecías de autocumplimiento.

En estas circunstancias, la contribución de un individuo o un pequeño grupo puede cambiar el mundo y la historia está llena de ejemplos, que como los de Cristo o Gandhi, (a diferentes escalas), marcan un antes y un después de.

◆ Iatrogenia.

Iatrogenia es el término técnico usado en medicina para designar aquellas enfermedades o problemas causados por los tratamientos que los médicos indicamos, o las maniobras que practicamos. En ocasiones, el problema causado por un procedimiento terapéutico o diagnóstico es tan grande, que corresponde la bien conocida y popular frase que dice: "es peor el remedio que la enfermedad".

Sin embargo, algunas veces en estos sistemas cristalizados, el remedio no es peor que la enfermedad, "el remedio es la enfermedad". Las causas originales del problema han quedado perdidas en la historia de los tiempos, muchas veces distorsionadas y en ocasiones hasta olvidadas por los actuales actores.

Son las soluciones con las que intentan arreglar el problema, las que lo mantienen o perpetúan.

Es el armamento comprado con fines "defensivos" por una nación, el que justifica la compra de más armamento por parte del país vecino que ha visto aquel gesto "defensivo" como una "amenaza", ingresando en una escalada simétrica de final imprevisible.

Son las medidas para controlar o eliminar la elaboración, comercialización y el uso de drogas "ilegales", las que elevan el precio del mercado, generan la tentación por lo prohibido y entusiasman a cada vez más productores y comerciantes, a ingresar y a incrementar el negocio.

◆ Más de lo mismo.

"Si una cosa no da resultado, haga otra cosa".

Si Ud. quiere ser un poco más benévolo podría decir, si una cosa no da resultado, inténtela una vez más, con más énfasis o entusiasmo, pero si aún así no da resultado, piense y haga otra cosa.

"*Locura*, decía Einstein, *es hacer lo mismo y esperar resultados diferentes*".

La perseverancia es sin duda una tremenda virtud humana, pero la perseverancia en el error, es de consecuencias catastróficas.

Cuando un martillo más grande no le dé resultado, piense si el problema es realmente un clavo.

Desconfíe de lo obvio; después de unos cuantos minutos sin poder volver a reconciliar el sueño haciendo fuerza por dormir, intente levantarse, leer un buen libro, poner un poco de buena música, escuchar qué tiene su inconsciente para decirle; escriba algo, planifique sus próximas vacaciones o lo que se le ocurra, seguramente le será más provechoso y quién le dice, hasta es posible que se aburra y le venga sueño.

◆ Lo grandioso.

Situaciones y problemas muy complejos o de mucho tiempo de duración, nos hacen creer que sólo pueden arreglarlos soluciones espectaculares, totales, grandiosas, lo que frecuentemente nos paraliza al hacernos sentir que lo que nosotros podemos hacer, comparado con lo que supuestamente se necesita, carece de sentido. Sin embargo, este tipo de planteos grandiosos son los que frecuentemente caen dentro del terreno de las utopías y a la vez limitan la creatividad de las soluciones sutiles. Esto, sumado a nuestro miedo a cometer errores, a decir o hacer una posible tontería, nos inmoviliza.

Sin embargo, la solución de muchos problemas y conflictos, viene frecuentemente a través de un período de enorme incertidumbre, de caos, pero de libertad y de permisos para pensar aun en las aparentemente más disparatadas, minúsculas o absurdas soluciones, como las de los casos a los que nos referimos antes.

Como si estuviésemos cortando un enorme diamante en bruto, lo que requieren estas situaciones frecuentemente es un detenido, pormenorizado y cuidadoso análisis. Luego un pequeño, a veces muy leve golpe de cuchilla en el lugar adecuado, es suficiente para obtener una o varias piezas de incalculable valor (o en su defecto, si no se analizó adecuadamente la situación, algunas piedras descartables).

Toda la maquinaria de la fábrica estaba detenida desde hacía varios días y ninguno de los mecánicos "daba en la tecla" para poner a funcionar aquel intrincado laberinto de caños, válvulas, cables, tableros, luces y conexiones.

Decididos a poner fin a las pérdidas cuantiosas que la paralización provocaba, llamaron a un mecánico externo de fama internacional y muy conocido por sus extravagancias y los altos precios de sus trabajos.

El famoso mecánico recorrió la fábrica mirando atentamente distintos sectores, cargando tan sólo una pequeña caja de herramientas de la que en determinado momento extrajo un martillo.

Acto seguido dio un pequeño golpecito en una válvula y como por arte de magia, toda la cadena de hierros y engranajes comenzó a funcionar fluidamente.

La alegría de todos en la fábrica sólo se detuvo cuando recibieron la factura del famoso mecánico por U$ 10.000.

Rápidamente el gerente de planta lo llamó y le dijo que no entendía cómo podía ser que, por un pequeño golpe de martillo pretendiese cobrar U$ 10.000.

*El mecánico le respondió: -"**En realidad por el golpe de martillo tan sólo les estoy cobrando U$ 1; los otros U$ 9.999 son por saber exactamente dónde golpear.**"*

Conversando con el Dr. Richard Fisch, en el Mental Research Institute de Palo Alto (California) y pidiéndole su consejo sobre un conflicto extremadamente complejo, me contó, a manera de recomendación, esta historia que en mis archivos mentales, no encuentra comparativo para resumir mejor el concepto central de este capítulo.

"¿Vio cuando los cortadores comienzan a tirar los troncos de árboles a un río para que las aguas los conduzcan a un aserradero o un puerto ubicado río abajo? - Sí, contesté.

"¿Vio que algunas veces los troncos se trancan contra alguna roca que sobresale y se produce un tremendo atascamiento con miles de troncos que parecen formar

una enorme isla?" -*Sí*, afirmé nuevamente mientras se hacía muy clara la imagen en mi cabeza.

"Bueno, me dijo Fisch, -*para destrabar ese enorme atascamiento, no es necesario mover los miles de troncos; es necesario mover sólo uno o dos."*

Capítulo 12

Credibilidad y confianza
Reduzca la complejidad de sus negociaciones y del mundo

La emoción básica de nuestros tiempos: el miedo psicológico

Vivimos en un mundo que para una gran proporción de sus habitantes se ha tornado extremadamente complejo y esa complejidad, es percibida como amenazante.

Mucha gente se siente hoy más vulnerable que nunca y no sabe o no puede manejar con razonable habilidad, la incertidumbre con la que debemos convivir a diario. Eso se termina reflejando en una vida catalogada como mínimo de insatisfactoria; insatisfacción algunas veces expresada explícitamente y otras a través de enorme cantidad de patologías psicosomáticas, stress crónico y sus consecuencias a corto, mediano y largo plazo sobre la salud y la convivencia. Aunque el fenómeno es más complejo y tiene muchas variables o condicionantes, la falta de posibilidades de prever razonablemente el futuro es uno de los factores que complican nuestra existencia. El miedo psicológico es el miedo que se experimenta en ausencia de una amenaza real o una situación concreta e inmediata de peligro y para muchas personas es la emoción básica de su vida.

Ese temor a lo que me puede deparar la vida o el mañana, a algo que creo que me podría suceder pero que desconozco, a veces se esconde detrás de cuadros depresivos (expresión del debilitamiento de la autoestima en forma abierta), o por el contrario de enojo, furia o agresión a sí mismo o a otros (expresión del debilitamiento de la autoestima encubierta).

Si todo cambia vertiginosamente, si las reglas de juego no son respetadas o se modifican constantemente, si lo único constante es el cambio, si de las personas, organizaciones o instituciones con las que me relaciono, puedo esperar cualquier cosa, es muy probable, que no me maneje adecuadamente, o que la angustia y la ansiedad sean la repuesta de mi organismo.

El aumento en la venta de antidepresivos y ansiolíticos a nivel mundial, parece corroborar esta hipótesis.

Un mundo así nos exige por un lado, prepararnos y entrenarnos para manejar mejor la incertidumbre. Este es un largo camino personal que comienza por aceptar la realidad de las cosas como son, más allá de que no sean como nos gustaría que fuesen o como creemos que deberían ser.

Pero por otro lado, necesita balance, equilibrio, necesita disminuir en lo posible, las causas de la incertidumbre y la sensación de vulnerabilidad.

Generando balance

Regenerar el equilibrio perdido de un mundo caótico y disminuir la incertidumbre requiere la aplicación de *reductores de complejidad.*

Nuestra vida entera está llena de ellos aunque no los percibamos. Por ejemplo, las luces de tránsito que vemos en las esquinas de nuestras ciudades, tiene entre otras funciones reducir la complejidad, podar el número de respuestas posibles de un conjunto más o menos grande de conductores, que dejados a nuestro libre albedrío transformaríamos cada cruce en una «ruleta rusa» con cinco balas. El simple acuerdo de circular por la derecha, (a excepción de Inglaterra y algunos otros países), es otro gran reductor de complejidad del tránsito, sencillo pero muy efectivo. Igualmente efectivo podría ser que los conductores se mantuviesen circulando en su senda o carril, sin andar en *zigzag.* Todos ellos tienen la tarea de hacer previsibles los comportamientos, no respetar estos reductores de complejidad tiene como consecuencia conducir con una permanente sensación de incertidumbre y riesgo.

Se cuenta que Carl F. Gauss, famoso matemático alemán, era brillante desde muy pequeño y que un día, a la edad de 7 años, su maestra de la escuela elemental a la que concurría, para ganar un poco de tiempo y hacer otras labores, le puso a todos los niños el siguiente problema: ¿cuánto da la suma de todos los números sucesivos del uno al cien?

La maestra esperaba tener entretenidos a sus alumnos por un largo rato sumando $1 + 2 = 3 + 3 = 6 + 4 = 10$ y así sucesivamente.

Para su sorpresa, Gauss levantó la mano diciendo que había terminado pocos momentos después de asignada la tarea y respondiendo: el resultado de la suma es 5050.

La maestra asombrada no sólo por el resultado correcto sino por brevísimo tiempo empleado para la tarea, le preguntó como había hecho y aquel brillante muchacho le mostró su pizarra donde figuraba la solución y le dijo: sumé $1 + 100$ que da 101, luego $2 + 99$ y da 101 y luego $3 + 98$ que también da 101 y me dije, ¿cuántos pares de 101 hay en esta serie de números? Hay cincuenta. Cincuenta por 101 da 5050.

Reducir la complejidad del mundo algunas veces requiere genialidades como en el caso de Gauss, otras veces sólo son necesarias acciones más al alcance de todos los que nos sentimos comunes mortales, como la de las luces de tránsito.

Entre todos los reductores de complejidad, no existe a mi juicio uno capaz de hacerlo tan eficientemente, de disminuir tan radicalmente la complejidad de la vida de la gente, de las empresas, de los países y de los procesos negociadores como...

La confianza: el gran simplificador

Confianza viene del latín, *con* juntos, *fides* fe.

El diccionario de la Real Academia Española la define como:

Esperanza firme que se tiene de alguien o algo.

Seguridad que alguien tiene de sí mismo, ánimo o aliento.

Presunción o vana opinión de sí mismo.

Familiaridad, familiaridad en el trato.

Aunque originalmente debe haber sido un concepto interpersonal, hoy se ha extendido a muchas otras cosas y es claro que hablamos de confianza en sistemas (organizaciones o países), en partidos políticos, en ideas, en la tecnología, en la ciencia, en los medios de difusión, en una marca o en la competencia de alguien (separado de su persona), en normas internacionales (ISO 9000 o similares) o incluso en ficciones como el dinero.

De hecho, el concepto existe o interviene en casi todas las cosas que hacemos, aunque su participación esté fuera de nuestra percepción conciente. Bastaría para percatarnos de ello, imaginarnos si un día nos despertásemos y por algo que nos pasó durante el sueño, ya no confiáramos en nada ni en nadie.

Imagine ¿cómo sería la vida no confiando si el despertador va a llamarnos a la hora exacta, o si la leche del desayuno está realmente pasteurizada, o si el agua es potable o pensando que quizás pueda estar envenenada, o que el ómnibus que va a la aduana quizás no me lleve realmente a la aduana sino a otro barrio y que tal vez tome por otro recorrido que el habitual? Imposible ¿verdad? No quiero pensar como serían los diálogos de ese día desayunando con su pareja.

El concepto de confianza invade o afecta (por su presencia o por su ausencia) casi todo tipo de relación. Exceptuando las relaciones de poder y control absoluto como la que podría tener un preso con su carcelero o en otras épocas, la de un esclavo y su «dueño», todas las demás relaciones, sean familiares, sociales o de trabajo, requieren confianza para subsistir.

No podríamos imaginar otra cosa como aglutinante en las relaciones entre un médico y su paciente o un abogado y su cliente, entre padres e hijos, maestros y alumnos, amigos, esposos, los miembros de un equipo, clientes y proveedores, jefes y colaboradores.

Cualquier relación que requiera pensar a mediano y largo plazo, necesita estar cimentada en la confianza y la credibilidad entre las partes para poder funcionar y todas las negociaciones «complejas», que son la gran mayoría de las negociaciones importantes de nuestra vida, tienen esta condición.

Negociamos ayer con una persona o empresa, negociamos hoy y seguiremos negociando mañana. La experiencia muestra que las relaciones personales o de trabajo que no estén cimentadas en la confianza, en general, sólo pueden sostenerse por la fuerza, de lo contrario tienen una tendencia a desaparecer o desintegrarse.

La omnipresencia, el valor y la importancia de la confianza, es indudable e independiente del tamaño del sistema en el que nos movamos, sólo cambia en su forma.

Cuando hablamos de pequeñas organizaciones, grupos o comunidades, la familiaridad, el conocimiento personal entre sus integrantes y «la palabra» es lo que cuenta; las formalidades y las leyes pueden incluso estar mal vistas incluso mencionarlas puede ser sinónimo de falta de confianza y entorpecer el proceso negociador.

Cuando el sistema es más grande y más complejo (grandes organizaciones, grupos, ciudades, etc.) es altamente improbable que podamos manejarnos por familiaridad, sin normas, leyes, decretos, contratos, escribanos, etc. a los que en esos casos, hacemos depositarios de nuestra confianza.

Sea cual sea la forma o el tamaño del sistema, si la confianza está en crisis, estará en crisis el propio sistema.

Cuando llevamos el concepto de confianza de las negociaciones, decimos que la confianza está en juego cuando:

• dependemos del otro para obtener lo que necesitamos,

• no tenemos control sobre la situación,

• existe la posibilidad de traicionar y de hecho,

• el beneficio de traicionar es mayor que el de cumplir con lo prometido.

De lo contrario, si la satisfacción de mis intereses o necesidades no depende de la otra persona, o tengo control sobre su comportamiento por el mecanismo que sea o no existe la posibilidad para él o ella de traicionar o hacerlo es menos conveniente que cumplir con lo acordado, resulta claro que exista o no confianza, el resultado será el mismo.

La gran generalidad de las negociaciones complejas cumplen con las condiciones donde la existencia o no de confianza, hace la diferencia.

Cuando existe confianza entre las partes negociadoras, se reducen los comportamientos posibles y aumenta la predictibilidad.

La confianza poda futuros; reduce los futuros posibles a algunos que son más probables o «seguros», dependiendo del caso. El libre albedrío de las partes queda limitado. De todas las cosas que eventualmente podría hacer alguien en quien confío creo que como mínimo no hará aquellas que puedan dañarme o que me perjudiquen.

Algo de lo que todos hemos sido testigos alguna vez y que la experiencia nos muestra a diario, es que cuando existe confianza entre las partes de una negociación o de cualquier otro tipo de relación, la toma de decisiones se facilita, se eficientiza y el sistema gana tiempo.

Cuando un sistema pone cosas en el «canasto» de la confianza, no tiene que pensar en ellos y ahorra recursos que de lo contrario debería usar para controlar o supervisar.

Piense en la diferencia que existe entre recibir un informe de alguien en quien usted confía o de alguien en quien no confía, o en revisar y controlar un estado de cuentas de una tarjeta de crédito en la que confía y una en la que no. Confiar permite reducir la complejidad de las interrelaciones y ganar recursos que las partes utilizarán para crear eventualmente nuevas complejidades o nuevos desarrollos, permite poner la energía afuera, en los problemas u oportunidades externas y no consumir energía en lo interno.

Cuando existe confianza en las negociaciones el círculo de generación de valor se agranda, tanto en el tiempo dedicado a los elementos que lo componen, como en los resultados obtenidos de su exploración. Los negociadores utilizan la mayor parte de su tiempo exponiendo e indagando intereses, creando buenas opciones de beneficio mutuo que no dejen desperdicio arriba de la mesa y proponiendo criterios de legitimidad para dirimir las diferencias con justicia y equidad.

Las alternativas rara vez salen a relucir, y por ende, las amenazas con dejar la mesa de negociaciones, son menos frecuentes.

Al reducir la ansiedad, los compromisos sobre la sustancia son postergados en el proceso. Esto permite aumentar el tiempo dedicado a la exploración de posibilidades que agranden primero el tamaño de la «torta» y al desarrollo de la creatividad, separando el proceso de inventar soluciones, del proceso de tomar decisiones. Éstas vendrán luego y estarán basadas predominantemente en criterios de legitimidad que las partes acordaron en respetar.

Cuando existe confianza, la comunicación se hace más eficiente y de hecho, los negociadores no malgastan tiempo en «estudiarse» como los boxeadores durante los primeros rounds de una contienda, ni demoran una vida para resolver un problema para el que sólo se necesitan un par de horas.

Cuando existe confianza, las conductas esperables de los negociadores son transformadoras, de «ir hacia», de conseguir las cosas que los motivan, de tomar más riesgos y por lo tanto aumentan las oportunidades de potenciales ganancias mutuas.

Por el contrario, cuando no existe confianza, las conductas más frecuentes son conservadoras, de «evitar», de «alejarse de», orientadas a reducir el riesgo y tendientes a atrincherarse. Más que ganar, los negociadores buscan muchas veces no perder, se tornan parcos a la hora de mostrar sus intereses y por ende, la aparición de opciones creativas es escasa o nula. Ellos pasan mucho tiempo midiéndose, diciendo vaguedades que no los comprometan, lo que torna la comunicación ineficiente y pone tensión en la relación de trabajo. Las alternativas rondan permanentemente en sus cabezas y por consecuencia, la amenaza de levantarse de esa mesa de negociaciones, sobrevuela constantemente.

Este cambio de comportamientos observables entre las negociaciones donde la confianza es un activo y aquellas en las que no existe, aparecen porque, la ausencia de confianza, no se traduce en general en un estado «neutro« desde el cual los negociadores trabajan sin problemas; la ausencia de confianza se manifiesta frecuentemente bajo la forma de desconfianza.

Desconfiar por su parte, implica una energía mental que aunque puede ser inconsciente para el que la siente, es difícil de ocultar para las otras partes. Todos sabemos por experiencia propia, que desconfiar además de ser desgastante, tiene casi una inexorable tendencia a ir en aumento, a escalar, a auto perpetuarse e incluso a hacer aparecer profesías de autocumplimiento: provocar aquello que es temido o que se sospecha que puede suceder.

El diferencial competitivo de un futuro cercano

Por todas las razones enunciadas, generar una relación de credibilidad y confianza, no es un factor más a considerar dentro de un proceso negociador sino una de sus piedras angulares, cuya existencia o ausencia, afecta en mayor o menor medida a todos lo demás elementos que la componen.

No se trata de generar credibilidad y confianza porque es más lindo negociar donde existe que donde no la hay, o que es simplemente bueno ser una persona o una empresa confiable, se trata de una relación costo/ beneficio.

En un mundo turbulento, variable, impredecible, incierto, atemorizante, la gente y las empresas, van a apostar y a pagar más a aquellas empresas, personas, o por aquellos productos o servicios que sean confiables. Saber generar una relación de confianza será, en un futuro cercano, cada vez más rentable; la confianza tendrá cada vez más demanda y será el diferencial de mayor potencia en mercados cada vez más competitivos.

¿Obra y gracia del Espíritu Santo?

Cuando nos hacemos la pregunta a nivel personal de qué es en realidad confiar, cuando nos preguntamos cómo sabemos cuando confiamos en algo o en alguien, más allá de la definición de diccionario, muchos de nosotros diríamos que es *un sentimiento.*

Aseguraríamos que confianza es algo que sentimos y algunos incluso seríamos capaces de describir más o menos detalladamente la sensación que experimentamos cuando está presente y marcar la parte del cuerpo donde la sentimos.

Sin embargo, todos sabemos que la confianza también es *un juicio,* una opinión que elaboramos en base a la experiencia que hemos tenido respecto a los comportamientos de una persona o empresa, un producto o servicio.

Ahora bien, si la confianza surge también como resultado de un juicio o una evaluación de los dichos y hechos, entonces es factible generarla a partir de determinadas acciones y no sólo esperar a que aparezca por obra y gracia del Espíritu Santo, lo que puede significar que no aparezca nunca.

Que la confianza puede generarse no debería plantearnos la más mínima duda si pensamos que nuestra autoestima, es decir la confianza más básica, la que tenemos en nosotros mismos, ha sido generada por la forma en que hemos sido educados por nuestros padres, tutores, hermanos, maestros, etc.

Vale la pena señalar en este momento que, tanto las personas como los sistemas muestran una mayor o menor propensión a confiar externamente que es proporcional a la confianza y seguridad interior (autoestima) que tengan.

Las personas y organizaciones con buena autoestima funcionan mejor, no porque sufren menos reveses o desilusiones que el resto, sino porque tienen una mayor tolerancia a los mismos; no es que no tengan problemas, sino que poseen una mejor capacidad para resolverlos asertivamente; no es que no experimenten la incertidumbre del mundo, sino que tienen un nivel más elevado de inseguridad soportable. La autoestima o autoconfianza, actúa a manera de un reductor de complejidad interno.

Generando credibilidad y confianza

Si nuestra confianza es el resultado de un juicio realizado en base a las acciones de una persona o empresa con la que nos relacionamos, entonces nuestras propias acciones son un instrumento para generar confianza en otros.

La pregunta entonces es: ¿qué cosas específicamente se pueden hacer o se deben evitar para generar credibilidad y confianza?

La siguiente lista de recomendaciones no pretende ser exhaustiva y por tanto no intenta decir que no hay otras cosas para hacer o que éstas son las mejores. Sólo busca servir de ejemplo y de motivador para nuevas y mejores ideas y en especial, para quitarnos la creencia de que confianza es una cosa mágica, que no sé de donde vino ni cómo la perdí.

Similitud: si confianza puede ser definida como familiaridad, familiaridad tiene que ver con similitud. «Donde fueres haz lo que vieres» dice un sabio refrán y esto se extiende desde la vestimenta al vocabulario usado, desde el tono de voz a los gestos corporales, desde el volumen con el que hablamos, a la velocidad de los movimientos o la postura. Aunque mucha más potencia tiene compartir valores y creencias, la similitud en aspectos más simples como los mencionados anteriormente, es en ocasiones, el lenguaje secreto del éxito en las negociaciones. Algunas veces, el sólo hecho de compartir información acerca de similitudes de sus vidas personales, es capaz de desarrollar fuertes lazos afectivos y mayor confianza entre las partes de un conflicto con el consiguiente beneficio para su potencial resolución. Este fue el caso notable y contemporáneo de dos militares de alto rango de dos países en guerra, que durante un ejercicio de presentación y caldeamiento de un seminario en Harvard, descubrieron que uno de sus respectivos hijos, padecía la misma enfermedad. Si bien ninguno de los dos pudo cumplir con la consigna de presentar correctamente al otro porque habían olvidado preguntar por otros datos personales, crear esta conexión humana basada en aspectos en común extra negociación, fue determinante en los resultados de toda la reunión.

Nota: Para explorar este tema en mayor profundidad, referimos al lector al capítulo 1 de este mismo libro: ¿Los opuestos se atraen?

Escucha activa: escuchar para comprender, hacer buenas preguntas con curiosidad y respeto, parafrasear, asegurarse de haber entendido y de que nos entendieron, son herramientas poderosas al servicio de la generación de confianza. Escuchar activamente en una negociación y en la vida en general, le dice al otro analógicamente, «usted me importa». Si a alguien yo le importo, es razonable que piense que ese alguien no va a hacer algo que me perjudique. Entre otros beneficios, escuchar activamente ayuda a generar confianza a través de aumentar la posibilidad de predecir comportamientos.

Predictibilidad: reducir el rango de respuestas posibles ante cualquier situación, ser predecible, es una recomendación potente para generar confianza aunque se puede prestar a un pensamiento dicotómico o de tipo todo o nada. Su pregunta a esta propuesta podría ser: ¿Lo que me está diciendo es que rigidice la empresa (o a mí mismo), que pierda flexibilidad y cintura en un mundo tan cambiante? ¿Me pide que sea inflexible en mis negociaciones? La respuesta a esas preguntas es: mantenga la flexibilidad en aquellas cosas que es conveniente hacerlo como por ejemplo en sus estrategias de marketing, pero sea predecible cuando hablamos de los valores centrales de su organización. Mantenga firmes y comparta valores tales como el amor en la familia, o la cooperación y el trabajo en equipo en la empresa o la solidaridad en la comunidad. En estos temas, es bueno para aumentar la credibilidad y la confianza, que todos sepan donde lo van a encontrar en todo momento, que sea realmente predecible. De igual forma sucede respecto a la forma en que usted negocia. Manténgase abierto y flexible a la elaboración de opciones creativas, abra su mente a nuevas ideas o a aceptar criterios de legitimidad, pero sea predecible y firme en cuanto al tipo de proceso que quiere llevar adelante, a negociar por principios aboliendo el uso de tácticas engañosas, a que su objetivo sea realmente ganar / ganar.

Reglas de juego claras y respetadas: en Diciembre de 2001, en medio de una severa crisis económica e institucional, en la Argentina se decretó un estado de emergencia pública, el Gobierno dispuso una serie de medidas económicas sorpresivas que, básicamente, limitaban el retiro de dinero en efectivo de los bancos por parte de sus dueños, provocando así, una «bancarización» forzosa. Se prohibieron las transferencias al exterior y se abandonó la convertibilidad que hasta ese momento era de 1 peso = 1 dólar. Finalmente, el Estado, «pesificó» los depósitos en dólares y dispuso la devolución de plazos fijos, cuentas corrientes y cajas de ahorro, mediante bonos y certificados a distintos plazos.

Estas medidas, junto a una gran devaluación de la moneda, hizo que una gran masa de ciudadanos, viera de repente, licuados todos sus ahorros. En parte como resultado del impacto regional de estas medidas y en parte por razones locales, Uruguay vivió una crisis parecida en el año 2002. Ahora bien, cuando en una sociedad capitalista como la de estos países, por las razones que sea y cuando de un día para otro y de forma violenta se cambian las reglas elementales del juego del capital, pedirle luego a la gente que confíe, que invierta, que genere negocios, que asuma riesgos, es como pedirle «peras al olmo». Primero van a tener que sacarlos de las trincheras, donde lógicamente casi todos se metieron desde el momento en que se quebró la confianza en el sistema. Aquellos que pudieron, sacaron su dinero de los bancos y los colocaron en el extranjero o los ocultaron en los más increíbles lugares, incluidos pozos en el jardín de su casa. Mantener reglas claras de juego y respetarlas, es tan clave en las empresas como en los gobiernos. Dar conocer y respetar las medidas del éxito en la organización; por qué cosas puedo ser castigado o premiado, el sistema de ascensos (o despidos) vigente, las descripciones de cargos o el sistema de evaluaciones de desempeño, es vital a la hora de generar credibilidad y confianza. Vele por que sus decisiones y las de los líderes de su organización sean justas y transparentes y respeten ustedes mismos las reglas establecidas. Verá que la confianza tiene un efecto dominó o bola de nieve. La forma en que los gerentes resuelven las diferencias y negocian entre ellos y con su gente, lidera la forma en la que la gente resuelve sus diferencias y negocian entre ellos. Haga que las normas sean conocidas por todos y aplicadas a todos por igual.

Profesionalismo o competencia: ser competente, manejar profesionalmente lo que usted hace, genera confianza y es fácilmente comprensible que sea un aspecto decisivo en algunas elecciones, por ejemplo, la de un cirujano. Aunque en alguna circunstancia es un terreno difícil de evaluar en forma justa por un tercero carente de formación o información, vale la pena invertir en la profesionalización de lo que hacemos si nuestro interés es generar credibilidad, incluida la forma en que lleva adelante sus procesos negociadores. Equipos de ventas, de compras, gerencias o empresas enteras que negocian de manera «profesional», con un modelo y herramientas congruentes con sus medidas del éxito, generan gran impacto en su mercado, cimentado en la credibilidad y confianza de sus clientes. Estas organizaciones hacen de la negociación una de las habilidades (competencias) requeridas a la hora de seleccionar, premiar o promover funcionarios y está presente en las descripciones de cargo y las evaluaciones de desempeño.

Franqueza. Sinceridad: hacer que, nuestro discurso interno y el público coincidan, que lo que pensamos y sentimos tenga una directa relación con lo que hacemos y decimos, en suma, predicar con el ejemplo, es un notable generador de confianza. Ser franco, no exagerar acerca de uno mismo o de nuestras habilidades, mostrar adecuadamente los límites de nuestros conocimientos, cuando se manejan con maestría, son invalorables aliados de la confianza. A manera de ejemplo, en ciertos ambientes académicos o de empresas que manejan como herramienta primordial el conocimiento, ser sinceros y honestos acerca de lo que sabemos o no sabemos, de nuestras fortalezas y debilidades es capital. Ser sincero acerca de cuales son nuestras debilidades, le da a la gente confianza acerca de lo que decimos que son nuestras fortalezas. Si decimos que sabemos todo, entonces nadie podrá estar seguro de creernos. Mejor digamos claramente lo que sabemos y lo que no sabemos antes de quedar en evidencia y cedamos el lugar a otros que saben sobre el tema. No mentir, es una recomendación milenaria de los sabios de la humanidad, válida para la vida en general, incluidas sus negociaciones.

Honrar los compromisos. Responsabilidad: el valor de cumplir con lo prometido, de honrar los acuerdos y compromisos, no necesita casi explicación a la hora de valorarlos como potenciales generadores de confianza. Se puede ser muy competente e incluso sincero a la hora de negociar pero si se realizan compromisos que luego no se pueden o no se quieren cumplir, todo se derrumba. De ahí que nuestra recomendación sea siempre la de comprometerse con prudencia sobre temas de la sustancia, después de haber explorado bien intereses, opciones y criterios de legitimidad y llegar a un acuerdo sólo si lo que tenemos arriba de la mesa es mejor que nuestra mejor alternativa. Aun así, debemos velar porque lo acordado sea realista, abarcativo y funcional, es decir, pasible de ser cumplido, que contenga todo lo necesario y no deje cosas afuera o poco claras y donde quede expresado sin lugar a dudas, lo que cada quien tiene que hacer o no hacer, cuándo y dónde.

Introducir el largo plazo: mantener siempre la visión en el largo plazo, en las consecuencias a distancia de los actos de hoy, ayuda como en un círculo virtuoso a que las partes ponderen el valor de la confianza en sus negociaciones o en sus relaciones en general. No percibir estos aspectos nos ha llevado a los humanos a poner en peligro hasta nuestra propia existencia en el planeta, a una filosofía de inmediatez, a intentar tomar ventaja sin medir las consecuencias, actitud que hemos extendido a las empresas y a las relaciones interpersonales entre las que se cuentan nuestras negociaciones.

Fe y confianza van de la mano y en muchas ocasiones las usamos como sinónimos. Te tengo fe, es sinónimo de, te tengo confianza. El profesar una fe, el tener una creencia fuerte en una vida más allá de la vida, el proyectar y confiar en un futuro trascendente más allá de los límites de nuestra propia existencia, ayuda a mucha gente a sobrellevar con más serenidad los avatares terrenales. Un sentido de futuro parecido es el que han construido muchas empresas que han encontrado en el desarrollo de una visión de largo plazo compartida con su gente, el camino de generar confianza en el hoy. Velar por las consecuencias favorables o negativas en el largo plazo tanto de los resultados de las negociaciones como de la forma en que se está llevando adelante el proceso, ayudará a fortalecer la importancia de la confianza como factor determinante del éxito.

Hacer de la confianza un valor en su organización: busque que los comportamientos confiables se transformen en «la forma en que hacemos las cosas en esta empresa». Para ello tendrá que encontrar la manera de medir y premiar esos comportamientos. Cuando llegamos a este punto, la objeción frecuente es: el problema es que la confianza es un tema muy subjetivo. Aun así, con las dificultades que implica medir algo subjetivo y más allá de que la confianza comparte esta cualidad con muchas otras cosas humanas, ponderar este factor envía una clara señal a todos acerca de su importancia. Si quiere generar un ambiente de confianza y credibilidad, no se deje tentar por la «viveza criolla», aunque los resultados en el corto plazo de alguna de esas negociaciones, puedan parecerle buenos. En el largo plazo le aseguro que nunca lo son. No premie a los vivillos, las tácticas sucias, o el tomar ventaja del otro en una negociación, ni siquiera esbozando una sonrisa ante el relato de una acción semejante. Premie a los que actúan con integridad. Incluya la confiabilidad en las evaluaciones de desempeño, promueva este valor haciendo públicos los buenos ejemplos premiados y los malos ejemplos castigados en toda ocasión que sea posible.

Demostrar confianza: por el mismo principio que manejamos en el capítulo «El oscuro principio de la reciprocidad», demostrar confianza y buena fe en alguien, ayuda a esa persona a sentir la necesidad de ser confiable o leal en correspondencia. Cuando sea apropiado, tomar algún riesgo en este aspecto puede dar buenos dividendos. Seguramente que la pregunta que usted ahora se esté haciendo es:

¿Y cuándo es apropiado confiar?

Otra forma de expresar esta misma inquietud es llevar las cosas al extremo y preguntar: ¿debo confiar en todos siempre?

Nuestra respuesta es un categórico y rotundo no, tan rotundo y categórico como sería la respuesta a la pregunta, ¿debo desconfiar siempre y de todos?

Lo paradójico en el tema de la confianza es que pareciera que uno debería confiar en aquellos casos o circunstancias en que la confianza ya haya sido ganada, lo que nos pone nuevamente en la pregunta del comienzo. Lamentablemente no tengo y no creo que vaya a encontrar ninguna receta que le permita decir en qué negociaciones en particular o en qué gente confiar y cuánto o hasta dónde.

Pues bien, confiar siempre tiene algo de apuesta, tiene algo de riesgo y esto es parte de su naturaleza e imposible de separar. Es una dificultad inherente al sistema y no un problema.

Sin embargo, tengo un amigo que cuando alguien le hace algún comentario acerca de que la capacitación es costosa, él le contesta, «si la capacitación le parece cara, pruebe con la ignorancia». Aquí es lo mismo, si confiar le parece riesgoso, pruebe con la desconfianza y para hacerlo no precisa mucho.

Las sugerencias que están expuestas anteriormente, son verdades autoevidentes, no tengo que probarle que funcionan, sólo haga lo contrario de lo que le proponen y verá las consecuencias de entrar en el mundo de la desconfianza.

Si confiar ciegamente nunca va a ser nuestra recomendación, lo que sí le proponemos a cambio es ser digno de confianza, ser confiable el 100% de las veces. Hay un tremendo valor en las negociaciones y en la vida en ser confiable y tal cual le aseguré al comienzo, la gente va a pagar más a las personas y las empresas confiables. Ser confiable, conviene.

Confianza es una cuenta corriente en la que uno tiene que depositar diariamente y velar celosamente por no quedar jamás en rojo, porque a diferencia de las cuentas corrientes bancarias, la mayoría de las veces no hay forma de recomponer la confianza quebrada.

Confianza en nuestro modelo, es parte de una estrategia general más amplia que le recomendamos calurosamente en sus negociaciones y en sus relaciones significativas: *ser incondicionalmente constructivo.*

Esto significa *hacer lo que es bueno para usted, para la otra parte y para la relación, independientemente de que esa otra parte se comporte de la misma manera.*

«Amigos indignos de confianza»

No necesitas preguntarte si deberías tener una persona indigna de confianza como amigo.

Una persona indigna de confianza, no es amiga de nadie.

Idries Shah (Reflexiones)

Bibliografía

Bandler, Richard y John Grinder. *La Estructura de la Magia,* Cuatro Vientos Editorial, Santiago de Chile, 1980.

Cialdini, Robert B., *Influence: The Psychology of Persuasion,* Quill, William Morrow, NewYork. 1993.

Fairhurst, Gail T. y Robert A. Sarr, *The Art of Framing,* Jossey-Bass Inc. Publishers, San Francisco, California. 1996.

Fisher. Roger y William Ury, *Getting to Yes: Negotiating Agreement Without Giving In,* Houghton Mifflin Co., Boston, 1981.

Fisher, Roger, Elizabeth Kopelman y Andrea Kupfer Schneider, *Beyond Machiavelli: Copying with Conflict.* Harvard University Press, Cambridge, MA, 1994.

Haley, Jay, *Las tácticas de poder de Jesucristo y otros ensayos,* Ediciones Paidós Ibérica S. A., Barcelona, 1991.

James M. Kouzes y Barry Z. Posne, *Credibility: Hozo leaders gain and lose it, why people demand it,* Jossey-Bass Inc., San Francisco, California, 1993.

Kertész, Roberto, *Análisis transaccional integrado,* Editorial IPPEM, Buenos Aires. 1997.

Kertész, Roberto, Clara Atalaya, V. R. Kertész, *Liderazgo transaccional,* Editorial IPPEM. Buenos Aires, 1992.

Laborde, Genie Z., *Fine Tune your Brain: When everything's going right and what to do when it isn't,* Syntony Publishing. Palo Alto, California, 1988.

Loprete, Carlos A., *El lenguaje oral: fundamentos, formas y técnicas,* Plus Ultra, Buenos Aires. 1984.

Lorenz. Konrad, *Hablaba con las bestias, los peces y los pájaros.* Editorial Labor S. A., Barcelona, 1991.

Moine, Donald J. y John H. Herd, *Modern Persuasion Strategies: The Hidden Advantage in Selling,* Prentice-Hall, Inc., Englewood Cliffs, New Jersey, 1984.

Niklas Luhmann, *Confianza,* Universidad Iberoamericana, An-thropos, España, 1996.

O'Connor, Joseph y John Seymour, *Introducción a la programación neurolingüística,* Ediciones Urano, Barcelona, 1992.

Raiffa, Howard, *The Art and Science of Negotiation,* Harvard University Press, Cambridge, MA, 1982.

Richardson, Jerry, *The Magic of Rapport,* Meta Publications, Cupertino, California, 1987.

Sun Tzu, *El arte de la guerra,* Editorial Fundamentos, Madrid, 1981.

En teoría:

Tálice, Rodolfo V., *Etología práctica,* Ediciones de la Plaza, Montevideo, 1988.

Ury, William, *¡Supere el No!,* Editorial Norma, Colombia, 1993.

Watzlawick, Paul, Change: *Principles of Problem Formation and Problem Resolution,* W. W. Norton & Co., Inc., New York, 1974.

Watzlawick, Paul, Janet Beavin Bavelas y Don D. Jackson, *Teoría de la comunicación humana,* Editorial Herder, Barcelona, 1993.